저도 장사가
어려운데요

저도 장사가 어려운데요

2018년 10월 18일 초판 1쇄 발행
2021년 3월 12일 초판 5쇄 발행

지은이 배민아카데미
펴낸이 권정희
취재·정리 강하민
펴낸곳 ㈜북스톤
주소 서울특별시 강남구 언주로108길 21-7, 3층
대표전화 02-6463-7000
팩스 02-6499-1706
이메일 info@book-stone.co.kr
출판등록 2015년 1월 2일 제 2016-000344호
ⓒ 배민아카데미
(저작권자와 맺은 특약에 따라 검인을 생략합니다)
ISBN 979-11-87289-44-9 (03320)

북스톤은 세상에 오래 남는 책을 만들고자 합니다. 이에 동참을 원하는 독자 여러분의 아이디어와 원고를 기다리고 있습니다. 책으로 엮기를 원하는 기획이나 원고가 있으신 분은 연락처와 함께 이메일 info@book-stone.co.kr로 보내주세요. 돌에 새기듯, 오래 남는 지혜를 전하는 데 힘쓰겠습니다.

저도 장사가 어려운데요

배민아카데미 지음

평범한
사장들의
특별한
장사공부

북스톤

공부하는 사장만이 살아남는다

대한민국에서 사장님으로 살기란 쉽지 않다. 야심차게 장사를 시작했지만 단골손님은커녕 손발이 맞는 사람도 만나기 어렵다. 손님의 악플에 발을 구르기도 하고, 배달 사고에 마음을 졸이기도 한다. 매일같이 새로운 사건 사고가 터지는데 어떻게 대처해야 할지 몰라 하루하루 피가 마른다. 손님일 때는 알지 못했던 것들이 하나둘씩 눈에 들어오면서 '장사하기 좋은 날'이 과연 있는 건지 의심하게 된다.

게다가 대한민국 자영업자 수는 OECD 국가 중 4위다. 그만큼 포화상태라는 이야기다. 골목에 새로 가게가 들어섰다 싶으면 그 옆에 또 다른 가게가 들어선다. 누군가가 흥하면 누군가는 망한다.

그렇다면 장사는 해서는 안 되는 것일까? 이왕 시작한 장사, 앞으로 시작할 장사, 어떻게 하면 정말 잘할 수 있을까?

장사를 잘하려면 사장부터 변해야 한다. 아니, 사장이 준비되어 있어야 한다. 장사를 잘하는 사람과 못하는 사람을 가르는 결정적 차이, 그것은 바로 '공부'다. 생존게임의 최후 승자가 되고 싶다면 장사 잘하는 방법부터 배워야 한다. 그래야 실천할 수 있다.

배달의민족에서 운영하는 '배민아카데미'는 대한민국 사장님들이 장사를 더 잘할 수 있는 방법을 알려주는 교육 프로그램이다. 경영지식과 생생한 현장경험은 물론 메뉴판 구성과 법률상식에 이르기까지, 장사의 A부터 Z까지 소상히 알려주는 장사수업이다.

교육장에는 실로 다양한 분야의 사장님들이 전국 각지에서 모여든다. 1등으로 도착하는 사장님은 경북 구미에서 올라오신다. 이른 새벽부터 서둘러 그날 판매할 재료를 준비한 다음 아침 6시에 버스에 오른다. 3시간 넘게 달려오는 이 사장님에게는 몇 해 전 겪은 큰 아픔을 딛고 다시 일어서겠다는 꿈이 있다.

피자집을 운영하는 어떤 사장님은 교육장에 맛있는 음식을 싸오곤 했다. 환갑을 넘긴 그분은 장사가 안 돼서 그만해야겠다고 생각할 무렵 배민아카데미를 알았다고 했다. "아이고, 우리 아들딸은 늘 바쁘지, 그래서 내가 뭘 못 물어보겠어. 요즘 핸드폰으로 해야 하는 게 엄청 많은데, 내가 그걸 알아야지! 등록도 하고 영상도 보고 뭘 찾아도 봐야 하는데… 그래도 여기 와서 사장님들한테도 물어보고 교육장 사람들한테도 물어보니 좋지!"

교육장에서 만난 사장님들에게 에너지를 얻어 '다시 꿈을 찾고 싶다'고 결심하게 되었다고 한다.

이들의 노력은 매출로 나타났다. 교육 프로그램에 10회 이상 적극적으로 참여한 음식점 업주들의 매출이 2017년 기준 전년 대비 두 배 이상(209%) 성장한 것이다. 단 한 번 교육에 참가한 경우도 전년 동기 대비 평균 168% 이상의 매출증대 효과가 있었다. '장사 공부'의 효과가 실제 매출로 이어진 것이다.

공부의 효과는 여기서 끝이 아니다. '꽃보다치킨'을 운영하는 김정삼 사장님은 배민아카데미의 소상공인 사장님을 위한 집중심화교육인 '꽃보다매출' 프로그램을 이수한 후 매출보다 더 큰 '자신감'을 얻었다고 말한다. "신기해요. 컨설팅 받고 나서 변했잖아요. 열심히 해서 2년 후에는 이 건물 살 수 있을 것 같아요. 꼭 이뤄야 할 것 같아요. 그런 자신감이 생겨요. 어디서 그런 마음이 드는지 모르겠어요."

나아가 교육으로 장사에 성공한 사장님들은 또 다시 배민아카데미에서 자신의 경험담을 풀어놓으며 성공의 선순환을 일으킨다. 이 책은 그 이야기를 정리한 것으로, 현장에서 활동하는 사장님들과 교육을 담당하는 전문가들의 목소리를 담았다. 어쩔 수 없이 대표주자를 선정하긴 했지만, 이 책에는 5년 동안 7041명(2018년 5월 기준)의 사장님과 함께 공부해온 배민아카데미의 결과물이 오롯이 담겨 있다.

'깐깐한족발'의 정민환 사장님은 식당 폐업률이 높은 것은 공부하지 않고 장사에 뛰어들기 때문이라며 안타까워한다. 공부하지 않고 장사에 성공할 수는 없다는 것이다. 그는 책이나 영상을 보는 공부도 중요하지만, 실제 가게에서 경험해보고 부딪히는 것, 같은 업계의 사람들을 만나 조언을 듣는 것 모두가 공부가 되었다고 말한다. '준스피자'의 조병준 사장님은 매출이 부진하자 기록을 통해 공부를 시작했고, 그 결과 최고의 성과를 올렸다. '엉짱윤치킨'의 백윤희 사장님은 공부하고 연구하지 않으면 금방 따라잡히는 것이 장사라고 말한다. 막강한 경쟁자도 많고 세상은 자꾸 변하기에 안주하고 있으면 문을 닫을 수밖에 없다는 것이다. 사장은 새로운 아이디어를 기획하고 새로운 전략을 짜고 새로운 시도를 하고 새로운 방향을 짜는 일에, 즉 공부에 절반 이상의 에너지를 쏟아야 한다. 그렇게 생각하면 사소한 이벤트 하나도, 주방의 시스템도, 손님에게 보내는 손편지 하나도, 매장으로 걸려오는 전화 한 통도 허투루 넘길 수 없게 된다. 매장에서 일어나는 모든 일을 통해 하나씩 배워나가고, 그것이 쌓여 전략이 되고 매출이 오른다고 생각하면 공부를 놓을 수 없다.

장사에 정답은 없다. 따라서 이 책 또한 모범답안이 될 수는 없다. 사장님들의 개인적인 경험담과 스스로 터득한 장사의 노하우이므로 주관적일 수밖에 없다. 누군가에겐 답이 되고, 어떤 상황에서는 답이 되지 않을 수도 있다. 다만 이들의 이야기를 듣고 각자에게 맞는 현명한 답을 찾기를 바라는 마음에서 책으로 엮었다. 장사가 두려운 예비 사장님들, 장사 실력을 키우고 싶은 사장님, 안정적으로 잘 돌아가는 가게를 만들고 싶은 사장님들에게 이 책이 조금이나마 도움이 되기를 바란다.

배민아카데미

[5장] 단단한 마인드에서 단단한 서비스가
장사는 서비스다 CPCS평생교육원 신다향 실장

[부록] 이것만은 꼭!
사장님이 알아야 할 법무·노무·세무 상식

1장

대박 음식점의 공통점은? 홀, 포장, 배달의 3박자

맛은 70%일 뿐, 많이 파는 전략이 필요하다

홀 전략 : 기본 3가지만 지키면 무조건 된다

포장 전략 : 홀 손님에게 포장된다는 사실을 알려라!

배달 전략 : 배달은 마일리지다

매출은 관리에서 시작한다

모든 곳에 마케팅 안테나를 심어라

실패하지 않는 확률을 높이는 법

보이지 않는 매장으로 3배 매출 올리기

족발 하시는 분들은 첫인사가 이거예요.
"몇 년 하셨어요?"
그 자리에 10년, 15년, 30년 하신 분도 계셨어요.
저는 1년이니 가장 짧았죠.
다음 질문은 "몇 개 파세요?"예요.
10년 하신 사장님이 하루 40개 판다고 했어요.
저는 그때 60개를 팔고 있었습니다.
오랜 세월 해오시고, 맛에 자신 있다는 분들이었는데
저보다 매출이 낮다는 게 충격이었어요.
그때 생각했습니다.
최고의 맛은 없을지도 모르겠다고요.
저희 손님들은 제가 만든 족발이 맛있고
저희 서비스가 마음에 들어서 오시는 분들이잖아요.
그러니 이제는 판매에 더 집중해야겠다고 생각하고
많이 파는 방법을 연구하기 시작했습니다.

장사는
매출이다

깐깐한패밀리 정민환 사장

저는 '깐깐한패밀리'라는 족발 외식업 법인을 운영하는 정민환입니다. '깐깐한족발'은 2013년 광주에서 오픈해 현재 직영점 3곳, 전국에 18개 체인점을 두고 있습니다. '모든 면에서 깐깐하게 하면 된다'가 저희 철학입니다. 위생도 깐깐하고 퀄리티도 깐깐하고 서비스도 깐깐하고. "우리 아이가 먹지 못할 족발은 만들지 않겠습니다"가 저희 슬로건입니다.

대박 음식점의 공통점은?
홀, 포장, 배달의 3박자

저는 좀 금수저예요. 부모님께 가난이라는 유산을 물려받았습니다. IMF 외환위기 때 집이 망해서 초등학교 때부터 할아버지, 할머니와 함께 살았어요. 학교 준비물 살 돈이 없어서 선생님께 맞기도 했습니다. 못 먹고 못 입고 자라다가 스무 살 때 5만 원 들고 서울로 갔습니다. 안 해본 일 없이 다 해봤어요. 중국집 배달, 호프집 서빙, 주유소, 오락실 아르바이트, 막노동도 했고 회사도 다녀봤어요. 그렇게 10년을 살았는데도 서울에서는 바쁘기만 하고 희망이 안 보이더라고요. 그래서 광주로 내려왔습니다. 음식점을 해야겠다고 생각했죠. 음식을 배웠거나 경험이 있었던 건 아니고, 순전히 외상이 없어서 좋을 것 같았습니다. 그전에 일할 때 외상 스트레스가 컸거든요.

게다가 음식점은 매장에서만 돈을 버는 게 아니잖아요. 대박 내는 음식집을 관찰해보니 공통점이 있더라고요. '저 집은 홀에서도 파는데 포장으로도 매출이 엄청 많네? 홀에다 포장과 배달을 더하면 보이지 않는 매장이 한 개 더 있는 셈이네. 두 개의 매장을 운영하는 효과가 있겠다.' 그래서 홀, 포장, 배달 3박자가 되는 메뉴를 선정하려고 했습니다.

가장 먼저 찾은 메뉴는 주꾸미였어요. 서울에 제가 좋아하는 주꾸미집이 있었는데, 막상 배우려고 하니까 사장님이 전수를 안 해주셨어요. 그래서 서울·경기에 있는 주꾸미 집을 순례했죠. 줄잡아 50군데는 다닌 것 같은데, 막상 광주에 가서 주꾸미를 하려고 보니까 '영 아니올시다'인 겁니다. 광주에서는 해산물보다는 고기를 많이 먹더라고요. 급한 마음에 치킨, 피자, 떡볶이도 알아봤는데 이미 포화돼 있고, 브랜드가 아니면 들어갈 수가 없겠더라고요. 떡볶이는 프랜차이즈가 아니어도 되지만 홀과 배달이 약할 것 같았습니다. 도대체 어떤 메뉴를 해야 할지 속된 말로 '멘붕'이었어요.

그러던 어느 날 아내와 단골 족발집에 갔어요. 간절히 원하면 보인다더니, 매번 가던 족발집이 다르게 보였습니다. 족발은 미리 삶은 다음 그때그때 썰어서 내면 되는 단일품목이니 덜 복잡할 것 같았어요. 무엇보다 제가 생각한 그림처럼 홀도 되고 포장도 되고 배달도 되는 음식이었습니다. 아! 족발을 해야겠다고 결정했지요.

하고많은 직업을 다 거쳐봤는데 하필 식당은 처음이었습니다. 칼질을 한 번도 안 해봤는데 족발을 어디서 배우지? 처음에는 무작정 친한 분들께 주변에 족발하는 사람 있냐고 물어보고 먹어보러 다녔습니다. 그러다 마음에 드는 데가 있어서 그곳 사장님을 사수로 모시고 배운 다음 광주에 왔어요.

그런데 본격적으로 창업 준비를 하면서 보니 메뉴가 걱정되더라고요. 기존 족발을 팔아서는 특색이 없잖아요. 저는 색깔 없는 걸싫어하거든요. 저만의 색깔이 드러나는 품목을 하고 싶은데, 어떻게 할까? 그런데 동네를 다니다 숯불구이집을 보고 우리도 족발을 불에 굽자는 아이디어를 내서 숯불구이 족발을 개발했어요. 이걸로 특허도 출원했는데, 그건 한참 나중의 일이고요.

돈이 없어서 작은 가게에 들어갔어요. 근처에는 이미 족발집이 7곳이나 있었고요. 설상가상으로 인테리어집에 사기를 당해서 매장 마감은 엉망이고… 처음에는 너무 화가 나고 원망도 했는데 제가 몰라서 당한 것이니 어쩌겠어요. 너는 계속 그렇게 살아라, 나는 내 장사만 잘하면 된다고 마음을 다잡았습니다.

제가 마음을 다진 계기가 또 있어요. 가게를 오픈한 첫날이었는데, 근처 족발집 사장님이 족발을 포장해가면서 "맛없으면 환불할 거야"라고 하시더라고요. 비수 같았어요. 그래도 오픈 첫날인데 꼭 그렇게 말씀하셔야 했을까요? 속이 상했지만, 겉으로는 아무렇지 않게 "맛없으면 가져오세요. 환불해드릴게요"라고 했습니다. '그래. 내가 이 집은 이긴다.' 이런 오기가 절로 생기더군요.

아무것도 없는데 성공하려면 어떻게 했겠습니까. 무조건 인사부터 했습니다. 직원들에게도 인사 교육은 철저히 시켰어요. 매장 전면을 뚫어놓고 숯불에 족발을 구웠으니, 지나가는 사람들이 쳐다보겠죠. 맛있는 냄새 때문에 안 볼 수가 없어요. 그때 무조건 인사하는 겁니다. 족발을 구우면서 사람이 지나갈 때마다 "안녕하세요. 깐깐한족발입니다"라고 인사해라, 그러면 그 사람은 반드시 먹으러 온다. 옆 골목 오락실 손님들이 편의점에 담배 사러 갈 때에도 인사하고.

저나 직원들이나 다들 식당일 처음 해보는 사람들끼리 뭉쳐서 어떻게든 살아보려고 하던 시절 이야기예요. 살아남으려면 뭔가 하나는 확실해야 하잖아요. 그나마 제가 자신 있었던 건 서비스였습니다. 접객 하나는 누구에게도 지지 않겠다는 자신감이 있었죠. 아무래도 젊으니까 파이팅도 있었고요. 첫 1년 동안은 하루도 안 쉬었어요. 지금도 직원들은 돌아가면서 쉬지만 가게는 명절 이틀만 빼고 매일 영업합니다. 그러다 보니 젊은 놈들이 열심히 한다는 말이 나오더라고요. 물론 저도 쉬고 싶죠. 하지만 안 쉬다 쉬면 좁은 동네에서 "쟤네들 배불렀네, 이제 돈 벌었네" 할지도 모르잖아요. 그런 말 듣기도 싫고 초심을 잃으면 안 되니 마음을 다잡고 있습니다.

그 매장에서 최고 매출 찍었을 때가 한 달에 8800만 원까지 했습니다. 직원 4명에 아르바이트생 두 명을 데리고 거둔 매출이에요. 20평밖에 안 되는 매장에서 그 매출을 하려면 말 그대로 '올라운드 전법'을 써야 했죠. 지금이야 배달 앱에 배달대행까지 잘돼 있지만 그때는 서빙하고 전화받고 배달까지 저희가 직접 다 했어요. 그렇게 2년을 죽기살기로 해나간 끝에 지금 매장으로 이전했습니다. 그때 고생했던 직원들이 지금도 있어요. 고맙죠.

맛은 70%일 뿐, 많이 파는 전략이 필요하다

제가 음식장사를 해본 경험 없이 창업했다고 했잖아요. 그래도 맛에 대해서는 지고 싶지 않았어요. 가게 시작하고 1년 동안은 맛에 미쳐 있었어요. 어떻게 하면 최고의 맛을 낼 수 있는지 족발을 만드는 과정마다 궁금증이 일었어요. 그때만 해도 어느 누가 먹어도 1등으로 인정하는 '최고의 맛'이 있는 줄 알았거든요. 맛을 내는 공식이나 비법 같은 게 정해져 있다고 생각했죠. 그런데 좀처럼 '정답'을 모르겠더라고요.

그래서 최고의 족발 맛을 찾아 전국 각지로 배우러 다녔습니다. 다른 지역의 족발 잘하는 분 소문을 들으면 일 끝나고 무조건 갔어요. 초창기에는 자정에 영업이 끝나도 전화 주문이 오면 새벽 3시, 4시에도 일어나서 배달을 갔거든요. 그런데 족발 비법을 알아야겠으니 자정에 일이 끝나면 3시간씩 운전해서 잘한다는 족발집을 찾아갔어요. 당연히 문이 닫혀 있죠. 그 앞에 차를 대놓고 자거나 목욕탕에서 잠깐 눈 붙이고 나와서 아침에 사장님이 출근하면 "안녕하십니까. 저는 광주에서 온 깐깐한족발의 정민환입니다"라고 인사를 해요. 그러고는 족발에 대한 궁금증, 어려운 점을 어떻게 해결해야 할지 여쭤보는 거죠.

여러 번 쫓겨났습니다. 그래도 몇 번씩 찾아가면 어떤 분은 "들어오세요" 하시고는 커피 한잔 따라줍니다. 비법은 안 알려주고요. 그래도 제가 어려워하는 점들을 말하면 그건 이것 때문이라고 설명해주는 분들도 있었어요. 이런 식으로 차 한잔 하거나 이야기를 하게 될 때까지 몇 번을 쫓아내도 계속 찾아갔어요. 부산, 창원, 마산, 전주, 익산, 평택, 용인, 대전, 대구… 전국의 맛있다는 족발집은 그때 얼추 다 가본 것 같아요.

그렇게 1년을 보내고 나니 족발에 대한 이런저런 노하우를 많이 알게 됐습니다. 족발에는 실로 다양한 재료가 들어가요. 어떤 분은 고소한 맛을 내려고 족발 삶을 때 볶은 땅콩을 한가득 넣더라고요. 저러면 정말 고소한가 싶어서 먹어봤는데, 아니었어요. 그런데 그 분은 고소하대요. 족발 하는 분들은 오랫동안 다듬어온 각자의 레시피가 있기 때문에 프라이드가 강해요. 다들 내 음식이 최고라고 생각합니다. 제 족발을 가지고 가서 족발 고수님들께 맛보이면 표정이 별로예요. 다들 자기 족발이 더 맛있다고 생각하시는 것 같더라고요. 처음에는 실망도 하고 고민도 많았는데, 1년 만에 변화의 계기가 찾아왔습니다.

하루는 선배님이 족발 잘하는 분들이 모이는 자리에 저를 부르셔서 갔습니다. 족발 하시는 분들은 첫인사가 이거예요. "몇 년 하셨어요?" 앞서 인사한 분은 10년 하셨고 15년, 30년 하신 분도 계셨는데 저는 1년이니 가장 짧았죠. 다음 질문은 "몇 개 파세요?"예요. 하루 매출 규모를 물어보는 질문이죠. 10년 하신 사장님이 40개 판다고 했어요.

40개는 적은 게 아닙니다. 우리가 한 달에 족발을 몇 번 먹나요? 1년에 족발을 몇 번 먹나요? 많이 먹으면 한 달에 두 번이에요. 치킨은 일주일에 두 번도 먹고 한 달에 5번도 먹는데 말이죠. 족발은 치킨처럼 머릿속에 쉽게 떠오르는 음식이 아니거든요. 족발을 좋아하지 않는 사람도 많고, 어른이 돼서 처음 먹어본다는 손님들도 있어요. 제가 돌아다녀 보니 족발집들이 하루 평균 12~15개 팔아요. 혼자 일해서 20개 팔면 인건비 가져갈 수 있어요. 30개 팔면 돈을 조금 더 벌겠죠. 40개 팔면 적은 수가 아니에요.

그런데 저는 그때 60개를 팔고 있었습니다. 그 자리에서 1등은 아니었지만 2~3등은 했겠죠. 그분들도 제 족발을 먹으면 '별로네'라고 생각하지 않았을까요? 족발을 오래 해오시고, 맛에 자신 있다는 분들이었는데 저보다 매출이 낮다는 게 충격이었어요.

그때 생각했습니다. 최고의 맛은 없을지도 모르겠다고요. 저희 손님들은 제가 만든 족발이 맛있고 저희 서비스가 마음에 들어서 오시는 분들이잖아요. 그렇다면 제가 하고 있는 방식이 맞을 수도 있겠다는 생각이 든 거죠.

지금은 맛은 70% 정도만 잡아서 가는 거라 생각해요. 어떤 음식도 모든 사람이 100% 만족할 수는 없습니다. 맛은 주관적이라 개인차가 있을 수밖에 없어요. 누구는 짜다고 하고 누구는 싱겁다고 하는데 거기에 따라 매번 맛을 바꿔버리면 우리 색깔이 없어질 수 있습니다. 우리 매장의 매출이 우리 음식의 맛을 어느 정도 입증해준 것이라면, 이제는 판매에 더 집중해야겠다고 생각했어요. 그때부터 '어떻게 하면 더 팔까?' 하고 많이 파는 방법을 연구하기 시작했습니다. 이제는 역으로 선배들이 물어봐요. "어떻게 하면 잘 팔아? 어떻게 그렇게 많이 파냐?" 하고요. 그러면 제가 판매전략을 말씀드리고 그분들께 레시피를 여쭤봅니다. 그렇게 해서 또 맛을 개선해가고요.

홀 전략 :
기본 3가지만 지키면 무조건 된다

제가 족발을 선택한 이유가 홀, 포장, 배달의 3박자가 되는 메뉴
여서라고 했는데요. 홀, 포장, 배달은 판매전략이 조금씩 달라요.
먼저 홀 전략부터 말씀드리겠습니다.

원가부터 낮추면 경쟁력도 떨어진다

음식점의 기본은 맛, 위생, 서비스입니다. 홀은 이 3가지 기본만
잘 지키면 무조건 된다고 봐요. 그런데 이게 말처럼 쉽지 않죠.

첫 번째는 '맛'입니다. 맛의 퀄리티를 지키려면 신선하고 좋은
식자재를 써야 합니다. 원가를 낮추면 조금이라도 이익이 남아서
경쟁력이 생길 것 같죠? 오히려 반대입니다. 원가를 높이는 쪽이
더 경쟁력 있어요. 내가 좀 덜 가져가면 돼요.

예전에 돼지에 어떤 병이 돌아서 족발 값이 갑자기 올랐을 때가
있었습니다. 원가가 올랐으니 보통은 그럴 때 가격을 올리거나 양
을 적게 주죠. 직원들도 걱정하더라고요.

"대표님, 족발 값 비싼데 어떻게 해야 해요?"

"양 더 많이 드려. 어차피 이 사태는 지나간다. 언젠가는 가격이
다시 안정된다. 그러니 더 많이 드려."

그때 손님이 확 늘었어요. 다른 집은 족발을 적게 주는데 저희는

많이 주니까요. 소문은 빠릅니다. 족발 값은 6개월 뒤에 안정됐어요. 그때 우리 집에 온 고객은 단골이 되었죠. 손님들이 하는 말은 상당히 빠르게 퍼져요. "와, 여기는 양 많다. 남들은 적게 주던데." 이렇게 고객 스스로 말할 거리를 만들어줘야 해요. 이런 게 경쟁력입니다.

상품 구성을 달리 하는 것도 중요합니다. 일전에 요식업 전문가에게 충격적인 말을 들었어요. "당신네 족발은 특별하지 않아. 그냥 표준일 뿐이야."

'아니, 그래도 내가 광주·전남에서 족발을 가장 많이 파는데 어떻게 우리 족발이 특별하지 않다고 할 수 있지?' 저희는 숯불에 구운 족발로 나름대로 차별화했다고 생각했는데, 자존심이 상했죠. 그때부터 다시 고민하기 시작했습니다. 어떻게 하면 우리 족발이 특별해질 수 있지? 그런 생각을 하다가 알게 됐어요. 제게도 매너리즘이 있었던 거죠. '나는 고정관념이 없는 사람이야'라고 생각하는 순간 고정관념 안에 갇혀버렸던 거였어요.

제가 특별하지 않다는 걸 인정하고 다시 새로운 시선으로 우리 족발을 바라보는 훈련을 했습니다. 족발 자체를 완전히 바꾸기는 어려울 것 같았어요. 하지만 상품이라는 시각에서 접근해보면 차별화할 수 있는 방법이 분명히 있습니다. 그때 개발한 게 '꽃냉채족발'입니다. 냉채족발은 이미 많았지만, 족발을 꽃송이처럼 예쁘게 만들고 '꽃냉채족발'이라고 이름 붙인 곳은 저희가 최초일 거예요. 예뻐서 먹기 전에 사진을 찍어서 인스타그램에 올리고 싶어지는 메뉴입니다. 저에게 충격을 안겼던 그분께는 나중에 고맙다고 인사했습니다. 내 안의 고정관념이라는 괴물을 깨주어서 고맙다고요.

▲차별화 방법을 고민한 끝에 탄생한 메뉴 꽃냉채족발.

위생은 냉장고 관리부터

두 번째, 위생은 기본 중의 기본입니다. 깔끔하게, 깨끗하게 해야 합니다. 그런데 식당에서 이걸 의외로 잘 못 지킵니다. 2017년 5월부터 식품의약품안전처(이하 '식약처')의 '음식점 위생등급제'가 시행되었어요. 음식점의 위생상태를 평가하고 우수한 업소에 한해 매우우수, 우수, 좋음으로 등급을 지정하는 제도인데요. 홀, 조리장, 직원들의 위생관리, 화장실 등의 위생상태 전반을 꼼꼼하게 검사하고 인증을 합니다. 우리 가게와 음식이 깨끗하고 믿을 수 있다는 것을 고객들에게 알리기 위해 저도 '음식점 위생등급제'를 신청해둔 상태입니다.

위생을 챙기려면 주방 관리에 각별히 신경 써야 해요. 저희는 칼 소독할 때에도 고기칼은 따로 소독기에 넣어요. 식자재는 유통기한을 다 표시해서 기한이 지난 것은 무조건 폐기합니다. 식자재를

◀냉장고 및 냉동고에는 보관품목 사진을 찍고 글로 써서 표시해두었다. 문을 열지 않고 사진만 보아도 어디에 무엇이 있는지 알 수 있다.

보관하는 냉장고 라벨은 필수이고요. 냉장고마다 1, 2, 3 하는 식으로 번호를 붙이고 그 안에 무엇이 들어 있는지 보관품목을 사진으로 찍고 글로 써서 표시합니다. 이때 팁이 있는데, 냉장고 안의 구조와 같게 사진을 찍는 거예요. 냉장고 문을 열지 않아도 사진만 보고 건새우가 두 번째 칸에 있다는 등 어디에 무엇이 있는지 알 수 있습니다. 냉장고 어디에 무엇이 들어 있는지 몰라서 몇 번씩 문을 열었다 닫았다 하는 것도 낭비잖아요.

냉장고에 붙은 번호는 각 냉장고를 구별하는 의미도 있지만 청소 순서이기도 합니다. 월요일에는 1, 2번 냉장고를 청소하고 화요일에는 3, 4번, 이런 식으로 금요일에는 9, 10번 냉장고를 싹 비우고 청소합니다. 하루에 모든 냉장고를 다 청소할 수는 없으니까요. 물건을 다 빼고 청소해야 하니까 냉장고 번호와 요일을 연결해서 청소 순서를 정해두면 좋아요.

고객을 관찰하면 서비스 해법이 나온다

맛과 위생 다음은 서비스입니다. 홀에서는 서비스가 특히 중요하죠. 서비스는 고객을 내 편으로 만드는 작업입니다. 저희 가게 초창기에 왔던 손님이 있어요. 대학생 여자 손님이었는데 당시 우리 가게를 페이스북 '오늘 뭐 먹지' 같은 데 올려줘서 댓글이 많이 달렸어요. 그 덕에 홍보도 잘됐고요. 그 친구가 우리 가게 단골손님이 됐어요. 고마운 마음에 올 때마다 서비스를 주었습니다. 그랬는데 순천점 매장 오픈한다고 블로그에 올렸더니 그 친구가 댓글을 달았더라고요. 너무 반가워서 그 손님에게 순천점에 오면 공짜로 드실 수 있는 무료 쿠폰을 맡겨놓겠다고 했어요. 그 친구는 손님인 동시에 저희 팬이자 아군입니다. 이런 고객이 어디 가서 깐깐한 족발을 욕할 수 있을까요? 절대 못하죠.

그런 일련의 서비스를 계속합니다. 홀에서는 서비스 작업이 무조건 있어야 한다고 생각해요. 손님과 친해지기 위해 말이라도 한마디 더 하려고 합니다. 이벤트 같은 걸 만들어서 우리 가게에서 즐거운 경험, 추억을 쌓게 해요. 즐거웠던 감정을 또 느끼고 싶게 해야죠.

제가 홀에서 가장 신경 쓰는 부분은 '고객이 무엇을 불편해할까?'입니다. 고객이 뭘 싫어하는지, 그걸 찾아서 해소해줘야 해요. 한동안 저는 손님에게 불편한 게 없나, 이것만 찾았습니다. 손님을 계속 관찰해요. 손님이 앞치마가 더럽다고 하면 당장 깨끗하게 빨아서 '오늘 빤 앞치마입니다!'라고 써서 걸어놓습니다. 또 손님이 부르지 않아도 직원들에게 홀을 둘러보고 오라고 해요. 손님이 반찬이 떨어졌다고 말씀하시기 전에 채워드려야 합니다. 음식이 늦게 나와서 손님이 화났다면 서비스를 드려서 마음을 풀어드려야 해요. 예전에 메뉴가 다양하지 않았을 때에는 손님이 맥주를 많이 마시면 과자를 사와서 그릇에 담아 안주로 드렸죠. 그러면 손님은 맥주 한 병 더 시킵니다.

▶계산이 끝나도 서비스
는 끝난 게 아니다. 매장
바깥에 '간족카페'를 두어
후식과 휴식을 즐길 수
있도록 했다.

생각해보면 어렵지 않아요. 우리도 어디를 가서 돈 많이 썼는데 서비스 하나 없으면 서운하잖아요. 손님 중 누가 그런 마음을 가질지 파악하라는 거죠. 관찰을 하면 보여요. 현장에는 답이 있어요. 현장에서 사람들을 보다 보면 아이디어가 나와요. 그걸 정리하면 매뉴얼이 되는 것이고요.

"손님이 맥주 5병 마시면 슈퍼마켓 가서 무조건 과자 사오세요. 그리고 그냥 봉지째 내지 말고 그릇에 담아서 드리세요." 이렇게 제가 경험했던 걸 정리해서 매뉴얼로 만들어요. 미리 이런 규칙을 마련하지도 않고 왜 손님들에게 과자 안 드렸냐고 직원들을 닦달하는 건 말이 안 되잖아요. 직원들은 당연히 "일하느라 바빴는데요"라고 하지 않을까요? 그래서 저희는 맥주 몇 병 마시면 서비스 주고, 주문이 몇 만 원 이상이면 서비스 주고, 직원들과 친한 손님이 오시면 사이드 메뉴 정도는 알아서 서비스하라는 권한을 줬어요.

물론 이렇게 열심히 해도 불만이 없을 수는 없어요. 손님들이 싫은 내색을 할 때도 있죠. 차라리 이건 좋아요. 제가 고칠 수 있으니까요. 불만을 말씀하시면 저는 "제가 다음에 꼭 갖다놓을게요. 꼭 다시 한 번 찾아주세요. 다음번에도 없을 시 죽으라면 죽겠습니다" 하고 자극적인 표현도 섞어가며 세게 사과해요. 그러면 대개는 웃어주시는데, 계산할 때 "맛있게 드셨어요?"라고 물으면 "네"라고 하는데 뉘앙스가 결코 맛있게 먹은 것 같지 않은 손님이 있어요. 이런 분들이 가장 무서워요. 그 손님은 다시는 안 오거든요.

불만을 말하는 손님은 요구하는 대로 저희가 다 해주고, 다음에 왔을 때 제가 얼굴을 기억해서 더 좋은 서비스를 해드리면 저희 단골이 됩니다. 그런데 내색 안 하는 손님은 절대 안 와요. 붙잡을 방법이 없어요.

그래서 불만을 말씀하지 않는 고객의 마음도 잘 알아보고 싶어서 '클레임 노트'를 꾸준히 쓰고 있습니다. 어떤 클레임이 있었고, 그걸 어떻게 해결했는지까지 써요. 예를 들면 '바닥이 미끄럽다는 클레임' 이후 '죄송하다고 사과드리고 마감 후 바닥 청소 실시', '배달 맥주 누락' 이후 '내 식량 하루견과 두 봉과 사과 편지, 맥주 담아 바로 보내드림. 좋아하심' 이런 식입니다. 해결 후 상황까지 써야 반드시 클레임을 해결하겠다는 의지가 생깁니다.

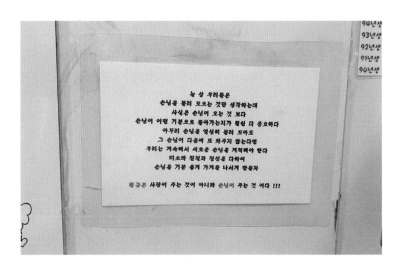

장사는 매출이다

클레임 노트를 꾸준히 쓰다 보면 고객의 클레임이 어느 부분에서 반복되는지 패턴을 알 수 있습니다. 그 패턴을 파악하면 어떤 시스템을 새로 만들거나 정비하면 되는지 아이디어가 떠올라요. 요즘에는 한 달에 한 번씩 클레임을 줄이기 위한 회의를 합니다. '클레임 제로 프로젝트'죠. 클레임을 예상해서 제로로 줄이도록 시스템을 만드는 거예요. 한 번 파는 게 아니라 두 번 팔 수 있는 전략을 고민합니다. 오늘은 안 남아도 됩니다. 그 사람이 또 오면 다음번에는 남을 거니까요. 그런 접객을 하는 거죠.

포장 전략 : 홀 손님에게 포장된다는 사실을 알려라!

저희 매장 카운터에는 이런 글이 붙어 있어요.

"혼자만 드시고 오늘도 빈손으로 들어가시나요? 맛있는 음식은 사랑하는 사람과 함께."

"15분 이내 포장 가능! 미리 말씀하시면 바로 가져가실 수 있습니다."

맛있게 먹고 돌아갈 때 이 글을 보고 가족 생각이 난다면 포장 생각이 없던 분도 포장해 가실 수 있겠죠. 우리 가게에서 포장 가능하다는 사실을 적극적으로 알려야 해요.

포장과 배달에는 용기(容器)가 의외로 중요합니다. 용기만 바뀌어도 고급스럽고 위생적인 느낌을 줄 수 있어요. 저희가 개업할 당시에는 음식을 다 PSP(Polystyrene paper) 용기에 담았어요. 그런데 이 용기에 뜨거운 음식을 담으면 환경호르몬이 나온다 하더라고요. 저희 슬로건이 "우리 아이가 먹지 못하는 족발은 만들지 않겠습니다"인데, 그 용기를 쓰면 우리 철학과 맞지 않게 되잖아요. 그래서 우리나라 포장용기 가운데 가장 좋은 게 뭔지 수소문해서 바꾸었어

▲가게에서 포장된다는 사실을 적극적으로 알리는 장치들과 건강을 생각하는 포장용기

요. 정부보조 대출 2500만 원을 받아서 자동으로 포장되는 기계도 샀습니다. 그때부터 안전하고 깔끔하게 포장하기 시작했죠.

고객의 불편함을 없애주는 건 작은 것에서부터 시작됩니다. 저는 젓가락 뜯을 때 잘못 뜯으면 어떡하지 하는 마음속 불안이 있어요. 손님들도 마찬가지겠죠. 그래서 젓가락도 분리돼 나오는 나무 젓가락을 써요. 작은 디테일에서 손님의 불편함을 해소해주려는 노력이 필요해요. 보기에 예쁘고 깔끔한 디자인도 중요하고요. 저희도 계속 디자인 요소를 연구하고 있어요. 남들하고 다르게 가려면 계속 공부해야 합니다.

배달 전략 : 배달은 마일리지다

배달만 하다가 홀을 시작하는 사장님들은 어려움이 많습니다. 반면 홀을 하다가 배달을 시작하는 건 상대적으로 적응하기가 쉬워요. 홀 매장을 하시는 분들께는 배달을 하면 두 개의 매장을 운영하는 거라고 말씀드리고 싶습니다. 하나의 매장에서 두 배의 수익을 창출할 수 있는 겁니다. 현재(2018년 5월) 제가 운영하는 직영 매장의 연 매출은 36억 원가량인데 포장·배달 매출이 11억 원 정도예요. 포장과 배달이 없었다면 이 정도 매출이 나오기 어려웠겠죠. 제가 배달을 꼭 하시라고 강조하는 이유를 아시겠죠? 가게를 오픈하는 경우, 처음에는 홀에 집중하다가 홀이 안정되면 그때 배달을 해도 늦지 않습니다. 홀을 일주일이나 이주일 정도 돌려보고 나서 배달을 시작하면 되지 않을까 싶습니다.

다만 이것을 기억하셔야 합니다. 배달은 '마일리지'입니다. 시간이 걸려요. 배달로 처음부터 대박을 내기는 어려워요. 차차 쌓아가는 마일리지 개념이라고 생각하시기 바랍니다.

배달 관련해서 저희가 꼭 지키는 것들이 있습니다. 먼저 배달에서는 시간 안내와 시간 엄수가 가장 중요합니다. "11시까지 갖다주세요", "1시간 뒤에 갖다주세요" 하는 고객과의 시간 약속을 철저하게 지켰습니다.

현재는 배달대행이 활성화돼 있지만 초반에는 사장님이 직접 배달하시기를 추천합니다. 현장에는 답이 있고 아이디어가 있습니다. 발로 뛰는 사장님은 현장의 팁을 더 다양하게 얻을 수 있어요. 그다음에 배달대행을 쓰시면 좋을 것 같습니다.

저희도 2년 동안은 배달을 다 직접 했습니다. 간혹 재활용품이나 음식물 쓰레기를 버려드렸는데, 그것 때문에 재주문을 하기도 하더라고요. 주머니에 사탕이나 초콜릿을 넣어 다니다가 배달 갔을 때 아이들이 같이 뛰어오면 주기도 하고요. 단, 주기 전에 어머니께 물어봐야 해요. 초콜릿이나 사탕 주는 걸 싫어하는 부모님도 계시거든요. "어머님, 아이에게 사탕 하나 줘도 될까요?" 이렇게 허락을 받고 아이들의 환심을 샀어요. 그러면 아이가 재주문을 끌어내더라고요. "엄마, 족발 먹고 싶어, 초콜릿 먹고 싶어"라는 식으로 조르거든요.

또 하나, 배달 가면 돈 받느라 기다릴 때 참 어정쩡한데요. 그때 저는 신발 정리를 해드렸어요. 뭐 하나라도 더 해드릴 건 없나 생각하다 보면 할 게 생기더라고요. 그러면 그게 또 고객만족으로 이어져서 재구매가 됩니다.

저는 항상 고객의 '상황, 처지, 공감'을 생각해요. 고객이 내 상품을 받았을 때 어떤 상황이고 어떤 처지이고, 우리 상품을 받고 어떻게 공감할 수 있을지 고려해서 행동하려고 노력해요. 손님이 "막국수 빼주세요"라고 하면 대신 주먹밥이나 계란찜을 넣어주는 식으로 하죠. 콜라 빼달라고 하면 물로 바꿔드려요. 이런 식으로 고객의 반응을 보고 서비스에 반영해요.

배달은 사장님이 손님의 얼굴을 보지 않기 때문에 사람의 감정을 느낄 수 없어요. 어떻게 보면 딱딱할 수 있는데요. 이런 식으로 고객에 대해 하나라도 더 기억하면 고객도 제가 손님을 기억하고 있다는 걸 알기 때문에 관계가 좋아질 수 있죠. 어떻게 하면 좀 더 섬세하게 고객에게 다가가지? 소통하지? 어떻게 하면 기분 좋게 할 수 있지? 어떻게 하면 고객을 조금이라도 더 이해하고 즐겁게 만들어드릴 수 있지? 배달은 그런 것들을 하나씩 찾아가는 과정입니다.

　나아가 손님 입장에서 배달받아서 먹기 껄끄러운 메뉴가 뭔지 미루어 짐작하는 노력도 필요해요. 족발 세트에는 딸려 나오는 음식이 많은데, 막국수나 전, 샐러드, 주먹밥 같은 걸 다 드시나요? 배달된 족발을 받아보면 다 식은 전이나 차가운 계란말이, 소시지 등 구색 맞추기용 음식이 많습니다. 내가 먹고 싶은 좋은 음식을 손님께 드려야 하는데 손이 안 가는 음식들이 많더라고요. 그래서 함께 나가는 사이드 메뉴를 맛있게 만들도록 연구했어요. 족발과 막국수의 조합이 좋은데 막국수를 배달받아 먹어보면 딱딱하게 굳어서 젓가락이 안 들어가곤 했습니다. 막국수가 왜 굳어버리는지, 어떻게 개선할지 여러 종류의 막국수로 삶는 시간을 다르게 해보며 실험했죠. 배달해서 먹더라도 홀에서 먹는 맛과 같은 수준을 유지하기 위해 노력했어요. 다른 집의 배달 족발을 보며 우리가 보완해야 할 부분은 무엇인지 찾고 해결하는 데에도 공을 들였습니다.

매출은 관리에서 시작한다

사장이 없어도 잘 돌아가는 시스템을 누구나 꿈꿀 텐데요. 저는 고객의 불만을 줄이는 시스템이 곧 사장님이 없어도 잘 돌아가는 시스템이라고 생각합니다. 직원들이 사장처럼 움직여서 고객불만이 생길 소지를 처음부터 없애는 게 가장 이상적이겠죠. 그런 점에서 매출은 관리에서 시작한다 해도 과언이 아닙니다.

매장에서는 홀로 오는 손님도 받아야 하고 포장·배달 주문전화 응대도 해야 합니다. 그만큼 챙겨야 할 것도 많고, 대응방식도 각각 다릅니다.

홀 고객 응대

손님이 오셨을 때 어떻게 말씀드려야 할지 순서가 있어요. 그걸 제가 매번 챙길 수는 없으니 접객 매뉴얼을 만들었습니다. 초보 직원도 손바닥만 한 크기의 손님 매뉴얼을 보며 응대할 수 있도록 했습니다.

홀 세팅은 사람 수에 따라 달라지는데, 이 역시 규칙을 정해놓으면 빠르고 정확하게 할 수 있어요. 저희는 2인, 4인, 5~6인 세팅사례를 사진으로 붙여놓아 처음 일하는 직원이라도 빠르게 홀 서빙에 적응하도록 했습니다.

포장 및 배달주문 고객 응대

아울러 주문을 받는 포스 기기 모니터에 아예 포장주문 고객 응대, 배달주문 고객 응대법을 써서 붙여놓았습니다. 또한 인근 지도에 구역별로 나누어 배달 가능 지역과 불가능한 지역을 전화기 옆

▲홀 세팅을 비롯해 플레이팅 방법 등을 사진과 글로 설명해 처음 일하는 직원도 실수 없이 처리할 수 있다.

＊ 홀 고객 응대 ＊

1. 어서 오세요. '깐족'입니다.
2. 몇 분이세요? 네, 자리 안내해드리겠습니다.
3. 처음 오셨으면 메뉴 안내 도와드리겠습니다.
4. 천천히 고르시고 찾으실 때 벨 한 번 눌러주세요.
5. 네, 고객님. 주문 도와드리겠습니다.

   예시: 네, 연인세트 참숯구이로 선택하셨고요.

   　　　막국수는 족발과 함께 나올 거예요.

   　　　음료는 콜라 선택하신 것, 맞으세요?

5. 네, 맛있게 조리해드리겠습니다.
6. 실례하겠습니다. 찬 세팅해드리겠습니다.
7. 실례하겠습니다. 주문하신 참숯족발 막국수 나왔습니다.

   맛있게 드시고 부족한 것 있으시면 벨 눌러주세요.

8. 네, 고객님. 야채와 쌈무 가져다 드리겠습니다.
9. 네, 식사 맛있게 하셨어요? 불편하신 건 없으셨어요?
10. 계산 도와드리겠습니다. 연인세트 하나 드셨고요. 3만 6000원 나왔습니다.
11. 왼쪽에 깐족카페 준비되어 있으니 차나 커피 드시고 가세요.
12. 감사합니다. 행복하세요.

에 표시해두었습니다.

배달 주문은 그 음식을 배달해야 하는 시간이 있습니다. 포장도 완료해야 하는 시간이 있고요. 유의할 점은, 주문받은 시점과 배달 시점이 꼭 일정하지 않다는 겁니다. 이때 홀과 주방 사이에 소통이 제대로 안 되면 식은 음식을 배달하거나, 요청한 시간보다 먼저 배달해야 하는 사태가 생겨요. 아니면 새로 만들거나요.

이런 누수를 방지하기 위해 홀과 주방 사이에 포장과 배달주문을 붙이는 게시판을 만들었습니다. 가로축에는 시간을, 세로축에는 배달인지 포장인지를 표시합니다. 시간별로, 또 포장과 배달이 헷갈리지 않게 주문서를 챙기도록 하는 거죠. 예를 들어 "7시에 포장해주세요"라고 주문이 들어오면 주문서를 게시판의 '7시/포장' 칸에 붙이고요. "9시에 배달해주세요"라는 주문에는 게시판의 '9시/배달' 칸에 주문서를 붙여요. 이렇게 하면 주문이 많고 바빠져도 시간에 따라, 항목에 따라 일을 순서대로 진행할 수 있다는 장점이 있습니다.

포장은 메인 메뉴 외에도 챙겨야 할 것들이 많습니다. 사이드 메뉴는 물론이고 젓가락을 몇 벌 넣어야 할지 신입직원이면 고민될 수밖에 없죠. 실제로 고객 클레임 노트를 보면 어떤 품목이 빠지는 경우가 종종 있더라고요. 그래서 게시판에 '포장 전 확인사항', '족발 포장 순서'를 붙여놓고 빠뜨리지 않도록 하고 있습니다.

▲보이지 않는 매장의 비결. 30%의 매출이 포장 및 배달에서 나오는 만큼 친절한 전화 응대는 필수다.

> *** 포장 전 확인사항 ***
>
> ▶ 참숯족발/매운족발 구분 잘되었는가?
> ▶ 소스컵 챙겨 넣었는가?
> ▶ 반반족발/참숯/불족 하나씩 잘 넣었는가?
> ▶ 보쌈에 보쌈김치 넣었는가?
> ▶ 주먹밥에 김가루, 위생장갑 넣었는가?
> ▶ 고객님 요청사항 잘 챙겼는가?
> ▶ 배달대행은 불렀는가?
> ▶ 현금결제건 기사님들에게 현금 잘 받았나?
> **완벽하다면 당신은 포장 마스터! 짝짝짝~**

주방 효율을 높이는 시스템

홀 못지않게 중요한 것이 주방관리입니다. 주방은 특히 동선이 중요해요. 음식을 만드는 데는 순서가 있어요. 재료를 꺼내서 만드는 과정에서 동선이 최소화되도록 설계해야 가장 효율적으로 일할 수 있습니다. 주방 설계를 잘하면 몇 걸음 내에서 일을 다 해결할 수 있고, 잘못하면 몇 걸음 더 걸어야 합니다. 그만큼 비효율이고, 인력도 낭비돼요. 인건비 부담이 늘어난다는 뜻이죠. 예를 들어 우리 가게에는 주방과 홀을 연결하는 퇴식라인이 있어요. 별것 아닌 것처럼 보이는 이 퇴식라인 하나 덕분에 필요 인력이 4명에서 3명으로 줄었습니다. 직원이 빙 돌아서 식기를 나르지 않고도 바로 그릇을 주고받을 수 있거든요.

게다가 주방은 위험한 곳입니다. 뜨거운 음식과 식기, 칼이 있어서 동선이 복잡하게 꼬이면 몇 걸음 더 걷다가 자칫 사고로 이어질 수도 있어요. 주방에서 일하는 분들은 각자의 역할이 다르기에, 각자의 동선이 얽히지 않게 하면서도 가장 효율적으로 일할 수 있는 최적화된 동선을 찾아서 주방을 설계해야 합니다. 각자 자기 역할을 '한 걸음' 안에서 다 해결할 수 있을 때까지 계속 고민하셔야 합니다.

이렇게 생각하다 보면 고려할 점이 한두 가지가 아니죠. 하다못해 식기세척기 놓는 위치도 잘 생각하셔야 해요. 그릇을 받아서 설거지해서 깨끗한 그릇을 들고 나가는 동선까지 고민해야 합니다. 그릇을 여러 번 날라야 하는데 한 걸음이라도 더 걸어야 하면 그만큼 더 무겁고 힘들어집니다.

화구 위치와 화구에서 끓인 음식을 홀로 내보내는 동선도 잘 따져봐야 해요. 냉동고 위치도 어디에 있는 게 가장 효율적인지 담당 직원의 입장에서 시뮬레이션을 해봐야 합니다.

이런 식으로 계속 수정해가야 합니다. 저는 2018년에 '보향미' 브랜드를 개점할 때 주방 설계도면을 12번이나 바꿨습니다. 주방 설계를 잘못하면 인력 낭비, 에너지 낭비, 위험도 증가라는 삼중고를 떠안게 됩니다. 하지만 너무 걱정하실 필요는 없습니다. 효율적인 주방 동선은 3일만 관찰해보면 다 알 수 있거든요. 몇 번이고 강조하지만, 현장에 답이 있습니다.

모든 곳에
마케팅 안테나를 심어라

우리 손님은 언제 어디에서 올까요? 손님은 모든 곳에서 옵니다. 모든 곳에서 오는 손님을 우리 가게로 어떻게 접근시키느냐가 중요합니다.

그러려면 손님과 우리 가게 사이에 접점이 되는 연결고리가 있어야 하는데요. 어딘지 모를 그곳을 향해 사방으로 마케팅 안테나를 세워야 합니다. 그것은 배달 앱이 될 수도 있고 쿠폰북이 될 수도 있고 페이스북 등 다양한 매체가 될 수 있겠죠. 제가 보기에 마케팅 안테나를 심는 것과 심지 않는 것은 손님 방문율에서 60%까지 차이가 나는 것 같아요. 단순히 우리 가게를 알리는 홍보뿐 아니라 적절한 이벤트도 열어서 '가성비'를 중시하는 손님들도 끌어들여야 합니다. 마케팅 안테나를 어떻게 심어야 할지, 오프라인과 온라인으로 나누어서 말씀드릴게요.

전단지와 쿠폰북

전단지는 전통적인 오프라인 마케팅 방법입니다. 그런데 전단지를 그냥 붙이는 건 불법이에요. 아파트에 붙일 때에는 아파트 관리실에 허락을 받고 지정된 게시판에 붙여야 합니다. 전단지 업체와 계약해서 전단지가 들어갈 수 있는 곳에 붙이는 방법도 있어요. 저희도 처음에는 정식으로 계약하지 않고 아파트 동마다 들어가서 층층이 붙이면서 내려왔어요. 아마 지금도 그렇게 많이 하실 텐데요, 사실 별로 효율적이지 않고 한계가 있죠. 그래서 어떻게 하면 전단지를 효과적으로 돌릴 수 있을까 고민했습니다.

그러다 방법을 찾았습니다. 우리 동네 1등 피자집에서 한 달 동안 피자를 시켜먹었어요. 그러고는 한 달째 되던 날 피자집 사장님을 찾아갔습니다. "사장님, 제가 근처에서 족발집을 하는데요. 저와 협업하시면 어떨까요? 사장님이 배달 나가실 때 저희 족발 전단지를 끼워주고, 저희 배달 나갈 때 사장님 피자 전단지를 끼워드릴게요."

다행히 그 사장님이 흔쾌히 허락해주셨습니다. 초창기 때에는 이런 협업으로 큰 효과를 봤습니다.

요즘은 배달 앱을 주로 이용하지만 고전적인 방법 중에 '쿠폰북'이 있습니다. 지금은 많이 없어지기는 했는데, 그래도 동네마다 여러 종류가 있죠. 일단 하기로 했으면 방법은 간단합니다. 먼저 우리 가게를 중심으로 동서남북으로 구역을 나누세요. A구역, B구역, C구역, D구역을 돌아가면서 한 주씩 배포합니다. 그런 다음 그 중에서 가장 주문이 많이 나온 지역에 집중하는 겁니다. 그렇게 하면 효과 있는 지역을 파악하기 좋습니다.

지방에서는 위력 있는 현수막·차량 홍보

서울에서는 음식점에서 현수막 광고를 별로 하지 않죠. 도로변 등에 설치하는 것은 불법이라 과태료를 물을 수 있으니 허가를 받아서 지정 게시대에만 설치해야 하는데, 그렇게 노력한 것에 비해 효과가 크지 않다고 합니다. 그런데 지방에서는 현수막 광고 효과가 꽤 좋습니다. 승인에서 설치까지 대행해주는 업체들도 있어서 번거롭지도 않고요.

오픈 예정인 분들은 현수막을 2~3개씩 걸지 마시고 10개, 20개, 25개 이렇게 화끈하게 걸어주는 게 좋아요. 현수막에는 자기 식당이 추구하는 본질만 쓰시면 됩니다. '세상에서 제일 맛있는 치킨' 이런 식으로 한 줄을 쓰고 다음에 상호, 전화번호를 씁니다. 글씨가 많으면 눈에 잘 안 들어오기 때문에 간략히 쓰는 것이 좋습니다.

서울에서는 안 먹히지만 지방에서는 효과 좋은 마케팅 중 또 하나가 차량 홍보입니다. 차량 마케팅은 일단 튀어야 해요. 탑차나 선거 차 등에 크게 광고하면 재미있지요. 지방은 이런 게 잘됩니다. 한 번은 치킨 옷을 입고 오토바이 배달하는 치킨집 사장님을 봤어요. 닭이 치킨을 배달하는 거예요. 사람들이 치킨맨이라고 불렀는데 실제로 보면 정말 웃겨요. 저는 사장님이 계속 그 옷을 입고 배달하는 줄 알았는데, 나중에 친해져서 물어보니 내내 그 옷을 입고 배달하는 게 아니라, 학생들 하교할 즈음 그 앞에서 치킨 옷 입고 막 돌아다니기만 하는 거래요. 아이들이 우르르 몰려나올 때 홍보한 거죠. 그렇게 하면 학교 수업이 끝나고 바로 치킨 주문이 들어온대요. 이런 방법도 있습니다.

어디든 단체고객은 있다

매출을 크게 내리려면 단체고객을 잡아야 합니다. 관공서나 회사, 공장, 대학교 동아리 등등이죠. 일단 예약 담당자와 친해져야 해요. 총무님, 과장님, 동아리 회장님을 찾아가서 인사하고 홍보하는 겁니다. 그러고 실제로 단체주문이 오면 할인권도 드리고요. 감사의 마음을 전하는 사후관리도 필수입니다. 그런 식으로 하면 단체주문이 이어집니다.

저녁에 생활체육 하시는 분들 있죠? 배드민턴이나 탁구, 축구, 야구 동호회 분들도 정말 중요합니다. 20명 정도가 움직이는 데다 한 동네에만 여러 팀이 있거든요. 이분들에게 홍보해서 오후 3시 전에 족발을 50개, 100개씩 판 경험이 있어요. 게다가 이 지역 분들이시니까 소문이 나면 개인적인 모임에서도 찾아오시니 재구매 유도에 참 좋죠.

병원도 의외로 영업하기 좋은 곳입니다. 병원에서 가장 높은 사람이 누구일까요? 직원들에게는 병원장이겠지만 저희에게는 청소 아주머니입니다. 저희 전단지를 다 뜯어버리는 분이니 저희에게 가장 높은 사람이죠. 초반에는 매일같이 실랑이했어요. "이리 와! 어디 가? 전단지 그만 붙이라고 했지!", "아, 이모 왜 그래요." 그래도 안 되니 "이모, 그럼 내가 족발 하나 드릴게. 나 눈 좀 감아줘. 나 먹고살아야 돼" 하며 읍소작전으로 나갔어요. 지금도 저는 종합병원에 가면 먼저 청소 아주머니부터 찾아가서 인사드립니다. 간 김에 간호사 등 병원 단체고객들에게도 홍보하고요. 잘만 관찰하면 어디든 단체고객은 있습니다. 잘 관찰하셔서 먼저 홍보해보세요. 든든한 단체 단골손님을 확보할 수 있습니다.

배달 앱 활용방법

배달 앱은 배달의민족, 배달통, 요기요 등 다양한데요. 저는 배달의민족에 집중하는 편입니다. 배달의민족이 시스템이나 구성이 잘 돼 있어요. 여기서는 배달의민족 앱(이하 '배민 앱')을 기준으로 말씀드리겠습니다.

배민 앱에 들어가면 사장님들이 기본적으로 채워줘야 하는 부분이 있어요. 메뉴에 들어가면 안내가 있는데, 여기에 구성 품목을 써주셔야 해요. 족발집이라 해서 족발만 배달하는 게 아니잖아요. 탄산음료 1.5L, 막국수, 주먹밥, 김치 이런 것들과 금액이 추가되면 추가되는 사항에 대해서도 써놓아야 하죠. 음료를 생수로 변경할 수도 있고, 생수를 추가할 수 있다는 등의 옵션을 안내에 써주는 거예요. 최소주문금액이 얼마인지도 확인해야 하고요. 손님을 유인하기 위해서는 쿠폰 기능을 적극적으로 활용하면 좋겠죠. 메뉴를 눌렀을 때 추가 메뉴를 선택할 수 있게 하면 추가 매출을 올릴 수도 있습니다.

정보란에는 우리가 어떤 업소인지 소개해줘야 합니다. 리뷰 이벤트도 주기적으로 바꿔주고 사진도 한 번씩 바꿔야 합니다. 서비스를 하신다면 기본 품목에 없는 것으로 드려야 해요. 메뉴에 없는 것 말이죠. 리뷰 이벤트도 요일마다 다르게 하면 좋아요. 월요일에는 떡꼬치, 화요일에는 닭강정, 이런 식으로요.

그리고 정말 중요한 것! 리뷰 댓글은 사장님, 점장들이 직접 쓰셔야 합니다. 점장은 다 할 줄 알아야 하거든요. 댓글의 원칙은 '원 플러스 원은 귀요미'입니다. 댓글을 꼭 한 줄만 다는 사장님이 있는데요. 저는 댓글을 원 플러스 원으로 달아야 귀요미라고 말합니다. 고객 리뷰보다 사장님 댓글이 더 많으면 그 노력이 보이죠.

특히 악플이 달렸을 때에는 절대로 싸우지 말고 '사과, 공감, 원인, 해결방안, 개선의지' 순서대로 댓글을 달아주세요. 점장이 큰절하는 사진을 올리고 "안녕하세요. 무말랭이 김치에서 @@가 나왔습니다. 원인을 찾아냈고 앞으로 그러지 않도록 하겠습니다. 죄송합니다"라고 하는 겁니다. 환불을 요구하면 환불해드리고 교환을 원한다고 하면 교환해드립니다.

이벤트, 정점을 찍으면 바꿔라

저희는 개업 초기부터 시끌벅적 파이팅 넘치는 청년식당 분위기를 만들었기 때문에 소소한 이벤트로 손님에게 재미를 드리는데 공을 들였습니다. 이벤트도 매일 바뀌었어요. 갑자기 "자, 오늘의 이벤트 하겠습니다. 일어서세요. 가위, 바위, 보!"해서 이긴 손님에게 서비스를 드리기도 하고요. 랜덤박스를 만들어 뽑기를 해서 서비스를 드리기도 합니다. 영업을 마치고 직원들과 밥 먹으러 가서도 또 회의하죠. "내일은 뭘 해볼까?" 그러면서 새로운 이벤트 프로그램을 짭니다. 배달할 때에는 손편지를 쓰기도 합니다. 감성 마케팅이죠.

반응이 좋았던 이벤트는 서로 공유해서 다른 지점에서도 시도해

봐요. 성공 경험은 공유하고 부족한 부분은 어떻게 해결할지 머리를 맞대고 고민하죠. "오늘은 뭐가 부족했을까? 뭘 보완하면 좋을까?" 이야기하면서 "앞으로는 이런 부분을 보완하자. 내일은 이 부분을 도입하자. 손님들이 좋아하는지 반응을 보자" 하는 과정을 반복하면서 저희를 새롭게 변화시킵니다. 그러기를 2년 동안 계속하니 매출이 오르더라고요.

똑같은 이벤트를 계속하면 손님 입장에서는 질립니다. 질리면 바꿔줘야죠. 어떤 방식으로든 혜택을 바꿔주어야 합니다. 계속 '나를 이렇게 생각해주는구나, 내 마음을 알아주는구나,' 그렇게 느끼게끔 해줘야 해요. 그렇게 하면 우리 가게의 팬이 됩니다. 24절기가 있잖아요. 1년이 52주인데 24번이면 2주에 한 번꼴로 절기가 찾아오는 겁니다. 그러면 절기에 맞춰 2주에 한 번씩 이벤트를 할 수도 있겠죠? 이런 식으로 주제를 잡고 이벤트 시리즈를 해보는 것도 방법입니다.

실패하지 않는 확률을 높이는 법

식당은 유독 폐업률이 높습니다. 모르고 덤벼서 그래요. 장사에서 성공하기가 그만큼 어렵습니다. 예전에는 장사하면서 공부하는 사람이 별로 없었는데 지금은 많이 하시더라고요. 좋은 일이죠. 공부하지 않고 성공할 수는 없어요. 실패하지 않는 확률을 높이는 건 공부밖에 없습니다. 실무에 공부가 더해지면 시스템이 생기고 하나의 경험이 다양하게 확장되는 장점이 있어요.

공부에는 영상, 강의, 책을 보는 공부가 있는데요. 책을 보고 공부하는 것도 중요하지만 저는 가게에서 실전 경험을 꼭 해보라고 하고 싶어요. 실제로 경험해보고 부딪히면서 배우는 게 있거든요. 이론만 알고 현장을 모르면 절반밖에 모르는 거잖아요.

무엇보다 사람 만나는 공부가 가장 좋다고 생각해요. 다른 공부도 다 하면서 선배나 멘토, 동료들을 많이 만나면 시너지 효과를 거둘 수 있어요. 배민아카데미 교육장에서도 많은 사장님들을 만날 수 있어요. 꼭 같은 업이 아니어도 공부가 됩니다. 그런 공부를 많이 하면 장사할 때 훨씬 도움이 되는 것 같아요. 저도 배민아카데미에서 강의할 때가 있는데, 그때마다 더 공부하게 됩니다. 강의하면서 저에게 실망하거든요. '아, 더 잘할 수 있었는데, 더 잘 전달하고 싶은데 왜 이것밖에 못했을까?' 강의할 때마다 느껴요. 그러면서 새로운 걸 알게 되고, 스스로 점검하는 시간도 되죠.

때로는 제 노하우를 알려주는 게 조심스럽기도 합니다. 하지만 더 허탈한 건 알려줘도 안 하는 사장님들이 많다는 것이에요. 그러면 실망스럽죠. 제 딴에는 조금이라도 실패하지 않고 다 함께 유지할 수 있도록 돕고 싶어서 나온 자리니까요. 저만 잘돼서 잘 살 수 있는 기간이 몇 년이나 될까요? 또 저도 성장해야 하고요. 제가 성장하지 못하면 저도 먹힐 수 있잖아요. 다함께 격려하며 계속 노력했으면 좋겠어요.

단, 공부만 해서는 안 됩니다. 결실은 실행에서 만들어집니다. 실행할 것을 순서대로 적으세요. 오늘 해야 하는 일의 항목 10개를 썼다면 이것을 마무리하는 것을 목표로 하는 겁니다. 그러면 또 해야 할 게 생기고, 그걸 적고, 하고, 적고, 하고… 이런 식으로 계속하는 겁니다. 공부하고 실천하라, 꼭 지키시기 바랍니다.

우리 가게, 뭘 팔아야 하지?

"어떤 음식을 팔까?"

음식장사를 할 때 가장 먼저 맞닥뜨리는 질문이다. 치킨, 족발, 피자, 한식, 분식…. 메뉴는 돈을 벌기 위한 상품이다. 어떤 메뉴를 선택해야 장사를 잘할 수 있을까, 오래오래 돈을 많이 벌어서 대박 날 수 있을까?

유행업종이 아니라 유망업종을 택하라

장사를 새로 시작하려 하거나 업종 전환을 고민하는 분이라면 먼저 메뉴를 선택해야 한다. 메뉴는 오래전부터 있었던 고전적인 메뉴가 있고 일시적으로 유행을 타는 메뉴가 있다. 대전에서 '달봉이치킨'을 운영하는 양종훈 사장은 처음에 메뉴를 선정할 때 유행업종과 유망업종을 잘 구분해야 한다고 강조한다. 그러나 장사를 처음 하는 사람은 이런 구분을 해야 한다는 사실조차 모르는 경우가 많다.

장사의 성장주기를 '도입기 → 성장기 → 성숙기 → 쇠퇴기'로 생각해보자. 성장기에 있는 업종을 택해야 함은 당연하다. 그렇다면 성장 중인 업종 중에서도 무엇이 유행업종이고 무엇이 유망업종일까? 어떤 업종이든 성장기에 치고 올라가다가 어느 순간 성장세가 주춤해지면서 살짝 꺾이는 구간에 진입한다. 성숙기에 접어드는 것인데, 브랜드나 업종에 따라 성숙기가 짧은 것도 있고 길게 이어지는 것도 있다. 짧게 가는 것이 앞에서 말한 유행업종이고, 길게 가는 것이 유망업종이다.

양종훈 사장도 처음에는 유행업종에 뛰어들었다고 한다. 10여 년 전 안정된 직장을 그만두고 닭꼬치 가게를 시작했다. 그것도 단순한 동네 가게가 아니라 프랜차이즈 본점을 차렸다고 했다. 서울과 대구 등에서 닭꼬치가 유행하는 것을 보고 '이건 되겠다' 싶어 대전에 닭꼬치집을 낸 그의 예상은 적중했다. 그야말로 대박을 터뜨려서 8평 매장에서 매일 150만 원씩 벌었다. 1000원짜리 닭꼬치를 팔아서 밤새도록 돈 세는 진풍경이 벌어졌다고 했다. 그렇게 6개월 만에 상권이 크지 않은 대전·충청 지역에서만 30개의 가맹점을 개설했다.

하지만 호시절은 오래가지 않았다. 조류독감이 휩쓸고 지나가면서 2년 만에 모두 물거품이 되었다. 그 후 퓨전선술집 가맹사업을 시작했지만 그것도 3년 만에 접었다.

양종훈 사장은 자신의 초창기 실패가 유행업종을 선택했기 때문이라고 말한다. 단순히 '다른 지역에서도 잘되니까' 말고는 다른 선택의 근거가 없었다는 것. 프랜차이즈 사업으로 시작하면서 매주 서울에 올라와서 프랜차이즈 전문가과정 교육도 수료하는 등 노력을 했지만, 유행업종의 한계를 극복하지는 못했다고 말한다.

갑자기 전국적으로 유행하며 빠르게 퍼지는 메뉴는 유행이 지나면 거품이 꺼질 가능성이 크다. 1~2년 전 유행했던 추러스, 스몰비어도 벌써 쇠퇴기에 접어든 것을 느낄 것이다. 빠르게 키워서 권리금 받고 팔 계획이라면 그런 메뉴를 택해도 상관없지만, 꾸준히 장사하면서 내 삶을 영위하기 위해서는 오래가는 메뉴가 필요하다. 더 멀리 내다보고 롱런할 것이냐, 단기적으로 짧게 치고 빠질 것이냐에 따라 메뉴 선정이 달라진다.

양종훈 사장의 조언을 한마디로 말하면 유망업종을 찾으라는 것이다. 유망업종을 잡아야 순식간에 거품이 빠지지 않고 지속될 수 있다. 유망업종을 가려내는 것은 사업의 성패를 좌우할 만큼 중요하므로 혼자서 판단하기 어려우면 전문가의 도움을 받아서라도 선택에 신중을 기해야 한다.

정말 유망업종을 가려내기 어렵다면 안전하게 고전적인 메뉴를 선택하는 것도 방법이다. 한남대학교 고유민 외래교수는 이렇게 말한다.

"앞으로도 없어지지 않을 메뉴가 무엇일지는 어차피 아무도 모른다. 그러나 10년 전에도 있었고, 지금도 있는 고전적인 메뉴들은 앞으로 10년 후, 20년 후에도 계속 있을 것이다. 단지 그 메뉴를 바탕으로 어떻게 특성화하는지, 혹은 우리만의 브랜드로 만드는지가 중요할 뿐이다."

　실제로 양종훈 사장이 재기했던 메뉴는 가장 고전적인 메뉴 중 하나인 '치킨'이었다. 프랜차이즈 경험을 바탕으로 치킨 프랜차이즈 지사장으로 일하고, 그 후 자신의 가게인 '달봉이치킨'을 차려 독립했다. 그 전의 성공은 유행업종의 쇠퇴와 함께 사라져버렸기에 그에게는 더 이상 여윳돈도, 뒤로 갈 데도 없었다고 했다.

　그렇게 몇 년을 고군분투하다 뒤늦게 배달 앱의 고객 리뷰를 보았다고 했다. 고객들의 호의적인 리뷰들을 보며 에너지와 영감을 얻어 이벤트를 열었다. 단골 고객이 주문하면 콜라를 1.5L로 사이즈업하고 쓰레기봉투를 같이 넣어 배달했다고 한다. 쓰레기봉투 증정이 콜라 못지않은 히트를 치며 달봉이치킨은 배달의민족에서 선정하는 배달대상을 2015~17년 3년 연속 수상했다. 간절하기에 나올 수 있었던 아이디어였다.

외식업에도 트렌드가 있다

　세상이 숨가쁘게 변화하고 있다고 한다. 4차 산업혁명으로 세상이 시끄러운데, 이는 외식업에도 알게 모르게 큰 영향을 미치고 있다. O2O 서비스인 배달 앱이 등장하고 휴대폰 결제 등 결제방식이 간편해진 것부터가 그렇다. 이뿐 아니라 배달대행업체가 성장하면서 배달 외식도 큰 기회를 맞고 있다. 이제는 전단지나 쿠폰북을 뿌리지 않아도, 가게에 배달 직원과 오토바이가 없어도 배달 외식업이 가능해졌다.

그뿐 아니라 외식업의 변화를 이끄는 사회 변화는 다양하다. 이러한 트렌드를 알면 같은 치킨집을 하더라도 어떤 식으로 매장을 차별화하고 효과적으로 운영할지 힌트를 얻을 수 있다. 농림축산식품부와 한국농수산식품유통공사가 발표한 2017년 외식 트렌드 4가지는 다음과 같다.

첫째, '나 홀로' 열풍이다. 1인 가구가 500만을 돌파했다. 1인 가구가 증가하면서 혼밥족, 혼술족처럼 밥과 술을 혼자 즐기는 이들이 늘고 있다. 이는 배달 외식업의 중요한 성장요인이었지만, 이제는 혼자 식당에 가서 당당하게 밥을 먹는 혼밥족도 늘어나는 추세인 만큼 모든 외식업에서 혼밥용 메뉴 개발에 신경 써야 한다. 혼밥족들이 현재 가장 애용하는 곳은 다름아닌 편의점이다. 예전에 식당의 경쟁상대는 다른 식당이었는데 이제는 끼니를 해결할 수 있는 편의점도 경쟁상대로 바라봐야 한다. 한편으로 이들은 신메뉴 개발의 벤치마킹 대상이기도 하다. 바빠서 다른 식당에 갈 시간이 부족하다면 평소에 편의점에 들를 때마다 아이디어를 얻도록 노력하자.

둘째, 반(半)외식의 다양화다. 바깥에서 먹는 것이 외식이라면 반외식은 바깥의 음식을 집에 가져와서 먹는 것을 말한다. 테이크아웃이나 배달 모두 반외식에 해당한다. 반외식이 다양해짐에 따라 이를 어떻게 우리 매출로 연결할 수 있을지 고민해볼 필요가 있다.

셋째, 패스트 프리미엄이다. 그동안 패스트푸드는 몸에 좋지 않은 정크푸드로 인식되어 왔다. 하지만 앞으로는 일반적인 햄버거가 아닌 유기농 식재료가 들어간 수제버거, 고급 식재료로 만든 도시락, 이런 것들이 인기를 얻을 것이다.

넷째는 모던 한식의 리부팅이다. 한식을 재조명해서 한식의 가치를 강화하는 것이다.

이러한 트렌트를 반영해 기존 메뉴를 다듬어서 1인 메뉴로 개발해 홍보할 수도 있고, 테이크아웃용 포장 메뉴를 개발할 수도 있을 것이다. 트렌드를 꾸준히 관찰한다면 자신의 메뉴를 얼마든지 다양하게 변주해서 시장의 흐름에 맞게 다듬어갈 수 있다.

야구를 좋아하는 양종훈 사장은 요기 베라의 명언, "끝날 때까지는 끝난 게 아니다"라는 말을 좋아한다. 진정한 노력을 하면 좋은 결과가 있을 것이라 확신한다. 그가 말하는 진정한 노력은 '사업가 마인드로 장사하는' 것이다. 동네 장사라 하더라도 사업가 마인드가 있으면 사업가처럼 생각하고 행동할 수 있다.

2장

블로그에 눈뜨다

인스타그램으로 넓히다

단골 먼저, 맛이 우선… 원칙을 지키며 소통하는 법

귀와 마음이 열려 있으려면

마케팅도
메뉴도
매출도
고객
에게서

엉 짱 윤 치 킨

큰 사고였어요.
대출받아서 가게를 시작했는데 빚이 또 얹어졌어요.
장사에 회의가 들었습니다.
누군가가 나 때문에 다친다면
내가 과연 이 일을 하면서 행복할 수 있을까?
그렇다고 다른 일을 해서 빚을 갚을 수도 없잖아요.
제가 가진 기술은 5년 동안 치킨 튀긴 것뿐인데.
하던 일로 위기를 헤쳐갈 수밖에요.
사고를 계기로 배달하지 않고
치킨 파는 법을
고민하기 시작했어요.
그러다 블로그라는 걸
알게 됐습니다.
블로그에 치킨 사진을 올리고
홍보하는 방법이 있더라고요.
그때부터 온라인 홍보에
집중했습니다.

장사는 소통이다

엉짱윤치킨 백윤희 사장

저는 11년째 닭을 튀기고 있는 '엉짱윤치킨'의 백윤희입니다. 11년 전, 들어갔던 대학에 적응하지 못하고 반수(半修)를 해서 4년 제 대학교 유아교육학과에 운 좋게 합격했습니다. 부모님이 24시간 식당을 20년째 하고 계셨는데 당시 가정형편이 좋지 않았어요. 그런데 당장 등록금과 입학금을 내라는 거예요.

"아빠, 우리 돈 없잖아. 내일 당장 400만 원을 내야 한대."

제 말에 아버지는 장롱에 있는 통장을 꺼내오라고 하셨어요. 잔고 700만 원이 있었습니다.

"400만 원을 등록금으로 내라. 네가 해보고 싶었던 꿈이니 아빠가 지원해주겠다." 덕분에 부푼 꿈을 안고 유아교육과에 입학했습니다.

형편이 형편인지라 제 손으로 용돈이라도 벌어보자 해서 치킨집 아르바이트를 시작했어요. 스무 살 때 친구들이 다 대학 다니고 예쁜 옷 입고 학창시절을 누릴 때 저는 치킨집에서 작업복 입고 기름 냄새 맡아가며 치킨을 튀겼습니다. 그런데 신기하게도, 학교에서 공부하는 것보다 치킨을 만들고 튀기고 포장하고 주문전화 받는 게 더 재미있었어요. 그래서 곰곰이 생각해봤습니다.

'내가 이 등록금을 내고 4년 동안 대학을 다니는 게 맞을까?'

그때 생각의 전환을 하게 됩니다.

'돈을 열심히 벌어서 나중에 아이들이 뛰어놀 수 있는 공간을 만들자.'

학교를 그만두고 저만의 치킨집을 열기로 결심한 거죠. 그렇게 두 번째 자퇴서를 내고 부모님께는 거의 통보하듯이 말씀드렸어요. 당연히 엄청나게 화내셨죠. 치킨집 하려면 호적에서 파버리겠다는 말씀까지 하셨으니까요. 하지만 저도 결심한 바가 있으니 굽히지 않았어요. 부모님 도움 없이 아르바이트를 하며 돈을 모으고 신용보증기금에서 4000만 원을 대출받아 일하던 치킨집을 인수해 장사를 시작했습니다.

블로그에 눈뜨다

장사를 시작한 지 5년 정도 됐을 때 일입니다. 배달 갔던 직원이 올 때가 지났는데 소식이 없더라고요. 느낌이 이상했어요. 아니나 다를까, 어떤 아저씨가 헐레벌떡 뛰어오더니 여기가 그 치킨집 맞느냐고 하시는 겁니다. 저희 배달원이 무단횡단하는 아주머니를

치는 사고가 났대요.

큰 사고였어요. 보험금 외에도 몇 천만 원의 치료비를 물었습니다. 대출받아서 가게를 시작했는데 빚이 또 얹어졌어요. 그날 가게로 돌아오는데 장사에 회의가 들었습니다. 누군가가 나 때문에 다친다면 내가 과연 이 일을 하면서 행복할 수 있을까? 그렇다고 다른 일을 해서 빚을 갚을 수도 없잖아요. 제가 가진 기술은 5년 동안 치킨 튀긴 것뿐인데. 어떻게든 하던 일로 위기를 헤쳐갈 수밖에 없었어요.

그때부터 고민을 시작했죠. 엉짱윤치킨은 5년 동안 배달 전문점이었는데, 그 사고를 계기로 배달하지 않고 치킨 파는 법을 찾기 시작했어요. 저희가 배달하지 않으면 고객이 매장에 와서 사가야 하는데 방법이 마땅치 않더라고요. 저희는 유명 프랜차이즈가 아니니 연예인을 써서 홍보를 할 수도 없고, 전단지 뿌리는 건 불법이고요. 전단지를 불법으로 붙였다가 벌금을 내기도 했고, 법원에 가서 즉결심판을 받기도 했어요.

이런 상황에서 고객이 찾아오게 하려면 어떻게 가게를 알려야 하는지 인터넷에 검색해봤죠. 그러다 블로그라는 걸 알게 됐습니다. 블로그에 치킨 사진을 올리고 홍보하는 방법이 있더라고요.

마침 저희 가게 고객층은 20대부터 40대 초반이에요. 유행에 가장 민감한 연령대죠. 스마트폰을 안 하는 사람이 없어요. 요즘에는 문 앞에 붙은 전단지가 아무리 맛있어 보여도 일일이 확인하지 않아요. 주로 휴대폰으로 검색하죠. 제게는 새로운 기회로 보였어요. 그때부터 오프라인 마케팅 비중은 낮추고 온라인 홍보에 집중했습니다.

일단 결심은 했는데, 처음에는 당장 무엇부터 할지 몰라 막막했습니다. 제가 나이는 많지 않은데 컴맹이거든요. 엑셀이나 한글 파일도 잘 못 다뤄요. 블로그를 어떻게 해야 하는지 몰라서 40만 원짜리 강의 듣고 시작했어요. 그래도 다른 사람에게 맡기지 않고 처음부터 제가 직접 운영했습니다. 대행업체를 쓰면 고객이 알거든요. 제 치킨에 대해 가장 잘 말할 수 있는 사람은 저예요. 치킨을 어떻게 튀기고 양념장을 어떻게 만드는지, 맛은 어떤지 가장 잘 이야기할 수 있는 사람은 저니까요.

더러 '난 SNS는 안 맞아' 하면서 직원에게 맡기는 경우도 있는데요. 그건 정말 조심하셔야 합니다. 직원의 말실수 한 번으로 그동안 쌓아온 게 와르르 무너져버릴 수도 있는 곳이 SNS 세상이에요. 망하더라도 내가 잘못해서 망하면 적어도 억울하지는 않고 만회해보기라도 하는데 직원이 잘못해서 망하면 그 직원에게 뭐라고 할 수도 없잖아요. SNS처럼 파급력이 큰 소통은 아예 안 했으면 안 했지, 일단 시작했다면 직접 운영하시는 게 가장 좋습니다. 간혹 사장과 직원이 번갈아 올리는 경우도 있는데, 이것도 사람들이 다 알아요. 사람마다 글이나 사진, 이모티콘 쓰는 톤이 미묘하게

다르기 때문에 이질감을 느끼거든요. 그러니 SNS는 사장님이 직접 하시는 게 가장 좋습니다.

SNS 입소문이 칼이 될 때도 있지만, 제가 큰 잘못을 하지 않는 한 기본적으로 SNS는 홍보에 도움이 됩니다. 하루는 갑자기 '뿔소스' 주문이 폭증한 날이 있었어요. 닭강정과 함께 밥에 비벼 먹어도 좋고 소시지 볶음에 넣어 먹어도 좋도록 개발한 매운 소스인데, 평소 잘나가는 품목이 아니었는데 갑자기 잘나가는 거예요.

'어? 이상하다. 내가 SNS에 뿔소스를 따로 언급한 적이 없는데 왜 이렇게 잘나가지?'

그래서 네이버에 검색했더니, 어느 고객이 블로그에 뿔소스 후기를 상세히 올려주셨더라고요. 뿔소스를 닭강정 소스와 섞어서 밥

비벼 먹는 방법까지 다 설명되어 있었어요. 제가 그분께 돈을 드리고 후기를 써달라고 한 것도 아닌데 자발적으로 쓰신 거잖아요. 고객님들이 드시고 자발적으로 남기는 후기는 진정성이 있기에 매출에도 큰 도움이 됩니다. 블로그를 보고 소문이 소문을 타고 저절로 퍼져요. 이게 SNS의 파급력인 것 같아요.

일상 글부터 가볍게

요즘은 블로그뿐 아니라 페이스북, 인스타그램 등 다양한 채널을 활용하는데 어떤 SNS든 시작할 때 패턴은 똑같아요. 우리 가게가 치킨을 판다고 해서 매일 치킨 사진만 올리면 그 사진이 그 사진이니 재미가 없어요. 처음에는 일상적인 글부터 가볍게 쓰는 게 좋습니다. 오늘 어떤 커피 마셨다, 오늘은 뭘 입었다, 어디를 갔다, 뭘 샀다, 이런 것부터 소소하게요. 처음부터 치킨 사진이나 가게 사진을 올리면 저를 모르는 사람은 '이 사람이 가게 홍보하려고 블로그를 하는구나'라는 느낌을 바로 받겠죠. 목적성이 느껴지는 글이 됩니다. 그래서 가게 홍보보다는 친밀도를 높일 수 있는 일상부터 올리는 게 좋아요.

예를 들어 제가 스트라이프 티셔츠를 좋아해서 그 티셔츠 사진을 올렸어요. 그런데 블로그에 놀러온 분도 스트라이프 티셔츠를 좋아한다면 '나랑 성향이 비슷하네?' 하면서 호감을 느낄 여지가 생겨요. 이런 식으로 관계 형성이 돼야 제가 음식 사진을 올려도 반감이 없습니다.

가독성도 중요해요. 블로그를 딱 펼쳤을 때 읽고 싶어야 해요. 글만 쭉 나열되어 있고 그 밑에 사진이 10장씩 붙어 있으면 눈이 피로해져서 읽고 싶지 않거든요. 글을 3줄 정도 쓰고 사진 하나 넣고, 또 3줄 쓰고 사진 넣고… 이런 식으로 쓰는 게 좋습니다. 블로그 하나당 사진은 10장 정도가 적당해요.

블로그를 활성화하는 가장 효과적이면서도 어려운 방법이 있는데요. 3개월 동안 매일 쓰는 거예요. 보통 블로그에 도전했다가 한 달 정도 되면 포기한대요. 힘들어서요. 그래서 저는 처음부터 규칙을 정해서 블로그를 썼습니다. 일 끝나고 무조건 1시간씩 하는 거예요. 아예 SNS 운영계획을 한 달 단위로 세우고 실천하는 것도 좋아요. 예를 들어 4일 주기로 첫날은 일상, 이틀째는 가족 이야기, 사흘째는 우리 가게의 택배 일정, 나흘째는 고객님 후기를 내 블로그나 인스타그램에 쓸 것, 이런 것들을 메모하고 지키는 거예요.

일주일을 기준으로 한다면 일, 월, 화요일에는 가벼운 일상 이야기를 올리고 수, 목, 금, 토요일에는 가게 이야기 올리는 게 가장 좋더라고요. 월요일은 월요병이라는 말까지 있잖아요. 직장 가서 힘들어 죽겠는데 치킨 사진 올려봐야 안 읽혀요. 그러다 수요일부터는 소비욕이 올라온대요. 힘들게 일했으니 목, 금, 토요일에 '내가 이걸 먹어야겠다' 하는 마음이 생기죠. 목요일 밤부터 절정이에요.

이런 심리를 고려해서 우리 가게 메뉴를 수, 목, 금, 토요일에 올리고 일, 월, 화요일은 다시 일상 글을 올려요. 블로그나 인스타그램 모두 마찬가지예요. 수요일은 가게 인테리어 전경에 대해 올리고, 목요일은 이번 주 추천메뉴를 올리고, 토요일은 우리 단체주문 들어온 사진, 이런 식으로 스토리를 이어가는 거예요.

이웃 분들은 저의 잠재적인 고객이자 제 브랜드를 입소문 내주시는 분들입니다. 저는 블로그 하는 걸 고객과 만나는 시간으로 생각했어요. 사람을 만나고 싶어도 가게를 운영하느라 만날 수 없으니 블로그를 소통의 창구로 삼으면서 글을 써나갔습니다.

입소문 내줄 이웃 만들기

블로그에서는 '이웃'을 맺죠. 처음에는 제가 적극적으로 사람들에게 다가가서 이웃하자고 했어요. '치킨 맛집'을 검색하면 상위에 노출된 블로그들이 있겠죠? 치킨이면 치킨, 운동화를 좋아하면 운동화 이런 식으로 제가 좋아하는 키워드를 검색한 다음에 상위에 노출된 분들 중심으로 이웃추가를 했지요.

그러고는 그분들의 일상 글에 열심히 댓글을 달았어요. 계속 댓글 다는 사람이 있으면 눈에 띄고 관심이 가잖아요. 어떤 분하고 이웃이 되면 그분의 이웃과도 친해지면서 이웃추가를 하고 댓글을 달았어요. 이웃의 블로그에 계속 댓글을 달아야 다른 분들도 제 블로그에 놀러올 테니까요. 와서 보고 자신과 공감대가 형성될 것 같고 코드가 맞을 것 같으면 이웃추가를 하면서 이웃이 늘어나는 원리입니다. 블로그는 서로 공감대가 있어야만 '서로이웃추가'를 하거든요.

예를 들어 블로그에서 신발을 파는 분이 있어요. 그분과 제가 '서로이웃'이 됐어요. 친밀도가 생겼다면 그분이 판매하는 품목에 관심이 더 가겠죠. 신발을 살 때에도 기왕이면 그분의 신발을 팔아주고 싶을 테고요. 이런 관계를 형성하는 게 중요합니다. 이렇게 6년쯤 운영했더니 2018년 5월 현재 제 블로그 팔로워 수는 4600명 정도가 됐어요. 치킨집 블로그치고는 적지 않은 것 같아요.

블로그에서는 파워블로거의 영향력이 막강합니다. 파워블로거들끼리 오프라인 마켓에 나가는 경우도 있는데, 다양한 분야의 블로거들을 만날 좋은 기회예요. 게다가 파워블로거의 고객들도 마켓에 오시거든요. 이웃 블로거의 고객 중 딱 10%만 제 고객이 된다고 생각해도 어마어마하겠죠. 마켓을 통해 온라인에서 오프라인으로 불특정다수의 고객이 확산되는 거죠.

다만 조급한 마음에 상대방에게 너무 들이대듯 다가가지 않도록 조심하셔야 해요. 친해지는 것도 조금씩 쌓아가야지, 단번에 '저 사람이랑 친해져야지' 하고 다가가는 건 상대방에게 불편함을 줄 수도 있어요. SNS는 소통이 기본이기에 진정성 있는 마음으로 이웃분들과 댓글을 남기는 게 가장 중요합니다.

댓글로 충성고객 만들기

SNS에서 댓글은 정말 중요해요. "예뻐요, 좋아요" 같은 글은 별로예요. 상대방이 봤을 때 형식적인 댓글은 티가 나거든요. 글 쓴 맥락을 이해하고 거기에 맞게 댓글을 달아야 해요. 제가 SNS에 '오늘 순살닭강정'이라고 사진을 올리면 어떤 분은 "순살닭강정 정말 맛있어요"라고 올리는데 어떤 분은 "순살닭강정 먹어봤더니 정말 부드럽고 맛있었어요. 아기도 함께 먹었는데 좋아하더라고요" 하고 자신의 이야기를 섞어가면서 올려요. 당연히 후자가 진정성이 느껴지죠. 저도 이런 댓글을 단 분을 더 잘 기억하게 됩니다. 상대방도 마찬가지 아닐까요?

댓글에서 제가 가장 많이 하는 말은 물론 '감사합니다'입니다. 고객이 글을 써줄 때도 정말 고마워요. 그리고 상대방이 들었을 때

불쾌할 것 같은 말은 웬만하면 안 쓰려고 합니다. 예를 들어 컴플레인을 걸 수도 있잖아요. 이럴 때는 일단 무조건 죄송하다고 하는 게 먼저인 것 같아요. 그다음에 생각해보고 '그 부분은 아닌데' 싶으면 그때 대처하는 것이죠. 고객의 감정이 격앙돼서 컴플레인을 했는데 저도 같은 감정으로 응대하면 싸움밖에 안 되거든요.

그래서 댓글 달 때에는 상대방이 한 말이 무엇인지 맥락부터 파악해야 해요. 생뚱맞은 얘기를 하면 안 되니까요. 댓글 길이도 신경 써야 합니다. 고객님이 4줄을 썼으면 저도 4줄은 쓰려고 해요. 고객님이 정말 우리 닭강정을 좋아해서 맛있다고 추천도 해주시고 신나서 글을 길게 써주셨는데 제가 "감사합니다" 한마디만 남기면 고객 입장에서 서운할 수 있죠. '바쁘니까 이렇게 달았구나'라고 생각해주면 다행이지만, 이왕이면 그분이 제 댓글을 계기로 저희의 충성고객이 될 수 있게끔 쓰려고 노력해요. "이렇게 추천도 해주시고 감사합니다. 이렇게 많이 사가셨네요. 정말 감사드려요. 항상 입소문 많이 내주셔서 감사해요." 이렇게 길게 진심을 담아서 써야 그분이 읽었을 때 기분이 좋잖아요. 그런 다음에 또 치킨이 생각나면 저희 가게가 가장 먼저 떠오르겠죠. 그래서 댓글을 잘 활용하는 게 중요합니다.

고객의 질문도 유심히 봐야 해요. 예를 들어 어떤 분이 "순살치킨은 닭의 어느 부위를 써요?"라고 썼다면, 다른 분들도 그 점에 대해 궁금해할 수 있거든요. 그러면 다른 분들도 제 답글을 보고 판단할 수 있도록 좀 더 상세하게 쓰고, 다음번 치킨 사진을 올릴 때 다시 한 번 정리해서 써요. "저희 순살치킨은 100% 국내산 닭다리 살로만 쓰고…" 이렇게 하면 이 점을 궁금해하셨던 분들께도 한 번 더 알려드릴 수 있죠. 댓글을 잘 보고 고객의 욕구를 파악하고 소통하는 게 핵심이에요.

인스타그램으로 넓히다

제가 SNS에 눈뜬 2012년에는 대세가 블로그였어요. 지금은 마케팅 비중이 블로그에서 인스타그램으로 넘어가고 있습니다. 물론 블로그를 무시할 수는 없어요. 블로그의 파급력은 여전히 대단합니다. 하지만 음식은 비주얼이 중요하니 지금은 인스타그램을 주로 하고 블로그는 공지 올리는 용도로 활용합니다.

인스타그램이 대세라는 말을 들었을 때 처음에는 반신반의했어요. 블로그 하나도 벅찬데 인스타그램까지 할 자신도 없었고요. 그런데 시험삼아 해보니 효과가 있었어요. 특히 10, 20대는 인스타그램을 주로 쓰더라고요.

인스타그램은 특히 사진에 따라 반응이 확연히 달라져서 재미있어요. 제가 올린 음식 사진이 유독 맛깔스럽게 보이면 그날은 정말 주문이 폭발해요. 예를 들어 '고추볶음닭'이라는 메뉴를 인스타그 램에 올리면 신규고객님들이 그 사진을 보고 오셔요. 그래서 메인 이 닭강정임에도 그날은 고추볶음닭이 잘나갑니다. 이처럼 인스타 그램은 한 장의 사진, 한 편의 동영상이 큰 영향을 줍니다.

우리 가게는 블로그가 맞을까, 인스타그램이 맞을까?

블로그나 인스타그램을 하기에 앞서 먼저 자신의 SNS 성향이 어 느 쪽인지 파악해보는 것도 중요해요. 개인 취향에 잘 맞아야 SNS 활동을 오래 할 수 있으니까요.

일단 블로그는 글과 사진이 50대 50이라면 인스타그램은 20 대 80인 것 같아요. 인스타그램의 태생 자체가 사진으로 표현하 는 것이니까요. 인스타그램에는 아무리 글을 많이 써도 사람들이 일일이 읽지는 않더라고요.

그에 비해 블로그는 일단 글이 많이 들어갑니다. 글 쓰는 걸 좋아 하는 성향이라면 블로그가 맞아요. 사진과 글이 조화롭게 들어가 고, 상대에게 이야기하듯 글 쓰는 것을 좋아한다면 블로그를 추천 하고 싶습니다. 블로그에는 하루의 일상이라든지, 나의 장사 노하 우 등을 하나의 스토리로 풀어서 이야기할 수 있습니다. 제 이야기 를 좋아하시는 블로그 이웃들과 소통하고 친밀한 관계를 유지할 수 있는 채널입니다.

사진 찍는 걸 좋아하는 성향이라면 인스타그램이 좋습니다. 인스타그램을 사용하시는 분들은 사진을 가장 먼저, 중요하게 보기 때문에 저는 사진 잘 찍는 법, 더 예쁘게 찍는 법을 고민했습니다. 그리고 사진이 더 잘 나올 수 있는 조명, 구도, 색감도 함께 공부하시는 것도 좋습니다. 인스타그램의 글은 사진과 관련된 내용으로 적어주시면 좋습니다.

블로그보다는 인스타그램이 즉각적으로 올리기 쉽게 돼 있으므로 SNS에 많은 시간을 투자하기 어려우시다면 가볍게 접근할 수 있는 인스타그램을 추천합니다.

요즘은 어디를 가더라도 인근 상점을 검색해보고 방문하는 분들이 많습니다. 고객분들이 우리 가게를 방문하기 편하도록 블로그와 인스타그램에 친절하게 안내하는 것이 중요합니다.

블로그에는 공지사항으로 가

게에 대한 공지를 올려주시는 게 좋습니다. 모바일로 보실 때 상단에 공지사항이 바로 보이기 때문이죠.

인스타그램은 메인 프로필을 적극적으로 활용하는 게 좋습니다. 누구에게나 고정적으로 보이는 곳이 바로 프로필 공간이기 때문이죠. 프로필에 가게에 대한 정보를 적어두면 저희 가게를 처음 방문하시는 고객님들도 찾아오시기 쉽고 헛걸음하지 않을 수 있어요. 그러니 중요한 사항은 꼭 프로필에 적어두시는 게 좋습니다.

인스타그램은 언제 올리는 게 효과적일까?

인스타그램을 하면서 제가 꼭 지키는 게 있어요. 하루에 적어도 한 개는 무조건 올린다. 이건 지키려고 해요. 고객이 댓글로 궁금한 사항을 물어본 것은 언젠가 차근차근 설명해주기 위해 다 메모해둬요. 일하느라 바쁘면 잊어버리기 때문에 다 적어놓아야 하더라고요.

하루에도 인스타그램을 많이 보는 시간대가 있습니다. 아침에 일어나서 보고 오후에 보고 자기 전에 보고. 저는 인스타그램에 하루 3~4개는 올리는 편인데, 오전 10시 무렵에 매장 오픈했다고 올리고, 오후 5시에 치킨이 다 떨어지면 그때도 올려요. 그 외에도 2~3시간 간격으로 올려요. 그렇게 많이 올려야 피드에도 노출이 많이 되더라고요.

만약 인스타그램과 블로그를 둘 다 운영하신다면 각각 1시간씩 하루에 2시간 정도는 들여야 할 거예요. 저는 대개 사진은 아침에 올리고 댓글은 밤에 달아요. 시간 여유가 있다면 댓글은 바로 다는 게 좋긴 하죠. 댓글 다는 분은 궁금해서 쓴 것이니까요. 예를 들어 잠재고객이 "순살닭강정 무슨 맛이에요?"라고 물었는데 제가 바쁘다는 이유로 할 일 다 하고 밤에 댓글을 달면, 그분도 이미 그때 그 마음이 아니에요. 그래서 댓글로 빠르게 답해주는 게 중요해요. 그분은 제 글을 확인하고 '아, 그렇구나. 한번 먹어봐야겠다' 하고 이따가 사러 오실 수도 있으니까요.

인스타그램은 사진이 8할

인스타그램에 올리는 사진은 조명이 정말 중요합니다. 화곡동에 있던 가게를 목동으로 옮길 때 인테리어 하시는 분께 인스타그램 사진이 잘 나오게 하는 조명을 달아달라고 특별히 부탁했어요. 닭강정 놓는 위치에 조명을 달아주셨는데, 거기서 사진을 찍으면 닭강정이 진짜 맛있어 보여요. 확실히 문의도 더 늘어나고 효과가 좋더라고요.

다만 사진 욕심이 지나쳐서 보정을 과하게 하면 곤란한 일이 생깁니다. 색감 보정한 사진과 고객이 받은 실제 음식의 느낌이 다르면 안 되거든요. 닭강정도 바로 나왔을 때와 식었을 때, 택배로 받았을 때의 컬러가 다를 수 있어요. 제가 겪은 일이기도 한데요. 어느 고객님이 닭강정이 갓 나왔을 때 찍은 사진을 보고 택배로 주문하셨어요. 그런데 택배로 받은 닭강정 색감이 사진과 다르다는 이유로 환불을 요구하시더라고요. 정성껏 플레이팅하고 사진 찍는 것은 좋지만 홍보를 위해 찍는 거라면 가급적 사실적인 상태로 찍는 게 좋은 것 같아요. 맛있어 보이기 위해 조명만 살짝 신경 쓰고요.

인스타그램은 한 번에 사진 여러 장을 올릴 수도 있는데, 저는 그래도 한 번에 한 장씩 올리는 방법을 추천합니다. 처음부터 모든 걸 다 보여주지 말고 하나씩 보여주는 게 좋은 것 같아요. 오늘은 이것, 내일은 저것 하는 식으로 메뉴를 다르게 해서 계속 궁금하게 만드는 거죠. 그래야 팔로워들도 제 인스타그램을 계속 궁금해하고 오늘은 또 무슨 사진이 올라올지 기대감이 생기는 것 같아

80

요. 한식집에서 인스타그램을 운영한다면 한꺼번에 모든 메뉴를 다 올리지 않고 오늘은 게장, 내일은 된장찌개 등으로 하나씩 쪼개서 올리고 본인 가게만의 특징이나 장점을 10줄 정도로 써주면 좋겠죠. 사람들이 읽기 좋도록 적절하게 줄을 바꿔가면서요.

아, 동영상도 잘 활용하면 좋습니다. 저는 닭 튀기는 동영상이나 소스 만드는 동영상을 올리곤 합니다. 단체주문 들어오면 닭강정 포장이 쌓이잖아요. 그런 것도 동영상으로 찍으면 효과가 있어요. '이렇게 단체주문도 많이 하는 맛집이구나' 하는 걸 단박에 느끼게 되죠.

저는 아직 동영상 편집은 못하는데 배우고 싶다는 생각이 들어요. 영상을 잘 찍고 편집해서 올리면 효과가 더 좋을 거예요. 최근에는 인스타그램에서 유튜브로 대세가 넘어가고 있더라고요. 이런 흐름을 놓치지 않기 위해서라도 동영상을 배워보고 싶은 마음입니다. 도전하지 않으면 그 자리에 머무르고, 뒤처지게 되니까요.

제가 만든 동영상이 많지 않으니 방송에 나온 영상자료도 종종 활용합니다. 치킨 관련해서 몇 차례 방송에 나온 적이 있는데, 시일이 지난 다음 인스타그램이나 블로그에 다시 올립니다. 그러면 방송을 보지 못했던 분들도 '내가 TV에 나온 걸 먹고 있군' 하고 알수 있어요. 게다가 인스타그램은 방송작가들도 많이 봅니다. 방송물을 올리고 방송사 태그를 걸기도 해요. 그걸 보고 방송작가들이 'TV 나온 집이구나. 우리도 해볼까?' 하고 생각할 수 있으니까요.

사진은 계정 주제에 맞게, 그 안에서 자유롭게

인스타그램도 처음에는 일상을 올려야 관심사가 다양한 분들이 모이면서 팔로워가 다양해집니다. 옷 파는 분들은 다양한 곳에서 옷을 입고 일상을 보여주면 되는데, 저는 주제가 음식이다 보니 음식에서 많이 벗어난 사진을 올리는 게 조심스러워져요. 또 인스타그램에서는 어느 정도 팔로워가 생기면 일상 사진을 싫어하시는 분들도 생겨요. 계정의 주제에 맞는 사진, 전체적인 맥락에서 벗어나지 않는 사진을 선호하시더라고요.

음식이나 매장 관련된 글이면 비교적 자유롭게 올리셔도 된다고 생각해요. 어떤 것이든 마케팅으로 이어질 수 있으니까요. 82쪽의 사진은 치킨을 깨끗한 기름에 튀긴다는 걸 알리고 싶어서 올린 사진이

에요. 요즘 깨끗한 기름에 대한 관심이 높아졌는데, 저희는 50마리 튀기고 나서 기름을 갈아요. 주말에도 주문이 많으면 중간에 기름을 한 번 더 교체해요. 우리 음식의 강점이 있다면 그걸 인스타그램으로 강조해주는 것도 좋습니다.

인스타그램에 '닭이 떨어졌다'라고 쓰는 것도 하나의 마케팅이에요. 사람의 심리가 '이렇게 인기가 많은 가게구나'라고 생각되면 꼭 한 번 먹고 싶어지잖아요. 사람의 심리를 잘 생각해보면서 활용해야 할 것 같아요.

매장을 목동으로 옮기면서 인테리어할 때 포장고객이 기다리는 동안 앉아 계실 자리를 만들었어요. 여기에 택배상자가 50개 정도 올라가요. 사진

오른쪽에 있는 큰 박스는 닭강정이 2~4마리 들어 있는 거예요. 화곡동 매장에서는 택배 판매가 더 많았는데도 SNS에 보여줄 수 없어서 아쉬웠어요. 그런데 새 가게에서는 이렇게 택배를 쌓아두니 전시효과가 좋아요. 주민들이 왔다갔다 하면서 전화번호도 받아가고 주문도 하시더라고요. 인스타그램에서는 이렇게 시각적으로 보여줄 수 있어서 좋고요.

또 하나, 게시물을 올렸으면 많이 봐주셔야 하잖아요. 제 팔로워 밖으로도 저희 가게가 효과적으로 검색되고 노출되려면 해시태그를 적절히 달아주어야 합니다. 제 경우는 주제가 치킨이니까 #치킨맛집 #닭강정 #닭강정맛집 이렇게 메뉴별로 달기도 하고 동네 이름을 넣어서 #목동맛집, 근처 동네 이름도 한 번씩 넣어서 #신정동맛집 #화곡동맛집 이렇게 해요.

지금은 글로벌 시대니까 가끔 영어로도 해시태그를 써요. 그랬더니 정말로 일본에서 SNS 보고 찾아오는 분들도 있었어요. 신기했어요. 어떻게 보면 어디서도 만날 수도 없는 분을 인스타그램에서 알고 인연이 되는 거잖아요. 그분들이 단골이 되고 저보다도 더 열심히 저희 가게를 홍보해주시고요. 이게 SNS 하는 보람인 것 같아요. 제가 SNS 활동을 안 했으면 그분을 평생 모르고 살 수도 있었을 텐데 말이죠.

단골 먼저, 맛이 우선… 원칙을 지키며 소통하는 법

SNS나 매장에서 고객님들과 소통하는 활동은 단순히 서비스를 잘하고 홍보를 잘하는 차원에서 끝나는 게 아니에요. 메뉴개발, 택배 시스템 도입 등 제가 장사하는 모든 건 고객이 얘기해주는 것에서부터 시작되었다고 해도 과언이 아닙니다.

적극적인 의견수렴, 그러나 원칙이 먼저

신메뉴도 고객님들이 얘기를 해줘서 만들어요. 예를 들어 어떤 손님이 닭강정을 한 달에 한 번씩은 드셨는데 조금 뜸해졌거나 질리는 것 같다고 느껴지면 새로운 소스 개발에 들어가요. 맛집 리스트를 뽑기 시작하죠. 치킨 맛집 중에서 제가 못 가본 곳들을 가보고 기록해가면서 영감을 얻어요. 장사에 관련된 모든 신호는 다 고객들이 주십니다.

닭강정도 처음에는 보통맛 하나만 있었어요. 그러다 어느 고객이 닭강정에 매운맛이 있었으면 좋겠다고 해서 매운 소스를 만들었어요. 고객이 매운맛을 원하시니 그대로 만들었죠. 또 한 번은 오픈마켓에 보통맛 강정을 들고 나갔는데 한 분이 "윤희야, 순한 맛도 있으면 좋을 거 같아. 아기 엄마들이 오잖아"라고 하셨어요. 그런 이야기를 다른 고객도 하신 적이 있거든요. "닭강정을 저만 먹으니 미안해요. 아기도 먹을 수 있는 걸 만들어주세요." 그래서 순한맛 소스를 만들었어요.

결국 이 가게를 완성시켜주는 건 고객이에요. 처음 장사할 때는 '내가 모든 걸 완벽하게 만들어놓으면 고객님이 좋아하겠지'라고 생각하기 쉬운데, 저는 그게 아닌 거 같아요. 장사하다 보면 고객의 소리가 들려요. 그걸 잘 듣고 유연하게 반영해야 고객이 원하는 방향으로 나아갈 수 있어요.

다만 여기서 잊으면 안 되는 게 있어요.

"순한맛과 보통맛을 반반씩 포장해주면 안 돼요?"라고 하는 고객도 있어요. 이건 해드리지 않습니다. 그렇게 하면 맛이 섞이거든요. 그건 저희 원칙대로 해요. 한 통에 한 가지 맛이 원칙이에요. 반면 "아기하고 먹으려는데 후라이드하고 반반씩 해줄 수 있어요?"라는 요청은 가능해요. 떡 추가 같은 것도 고객이 좋아해주셔서 메뉴로 정착된 거예요. 내 원칙이 훼손되지 않는 선에서 고객의 소리를 듣는 것은 참 중요합니다.

댓글 하나로 전국 택배를 시작하다

어느 날, 한 분이 블로그에 댓글을 남겨주셨어요. "여기는 부산인데, 부산에서도 이 치킨을 먹을 수 있을까요?"

그때까지 택배는 생각해본 적이 없었어요. 후라이드나 양념치킨을 부산에 보내면 치킨이 식고 눅눅해져서 맛없어지거든요. 그래서 또 검색을 했습니다. 택배로 치킨을 배송하는 경우가 있는지 알아보니 '닭강정'이 있더라고요. 닭강정은 닭을 튀긴 후에 조청 물엿을 더해 단단하게 감싸줘서 시간이 지나도 맛이 크게 떨어지지 않아요. 지금은 매일같이 닭강정을 만드느라 바쁘지만, 그때까지 닭강정이 뭔지도 몰랐어요. '아, 이걸 만들어야겠다' 싶었죠.

그때부터 전국에 있는 치킨집을 다 찾아다녔습니다. 예를 들어 부산의 유명 치킨집 리스트를 뽑아서 KTX 타고 내려가서 하루 종일 치킨만 먹는 거예요. 카레치킨, 후라이드, 양념치킨, 닭강정으로 하루 네 끼를 먹고, 그 치킨을 포장해서 서울로 올라왔습니다. 그런 다음 매일 조금씩 먹어보면서 일주일 동안 하루하루 맛이 어떻게 달라지는지 체크했어요. 후라이드뿐 아니라 양념도 맛이 계속 달라지거든요. 닭강정도 당장 드실 때에는 전분을 많이 넣어서 튀기면 찹쌀 탕수육처럼 바삭해서 맛있는데 다음 날 먹으면 질겨집니다.

닭강정을 택배로 보내면 맛이 달라질 수 있는데, 하루이틀 지나도 맛있는 닭강정을 만들려면 어떻게 해야 할까? 그때부터 소스 연구에 돌입했습니다. 초창기에는 누구에게 권할 수 없는 수준의 맛이었어요. 그래서 친구들, 친척들에게 보냈어요. "닭강정 보내드릴 테니 드셔보세요." 그때는 가게 시작한 지 5년쯤 됐을 때라 부모님과도 화해한 상태여서 부모님께도 드셔보라고 했고요. 그랬더니 맛이 없대요. 짜대요. 달대요. 그런 의견을 들으면서 계속 바뀌었습니다. 닭강정은 튀기는 정도, 소스의 양도 잘 조절해야 해요. 시간이 지나도 너무 질기지 않게 해야 하고요. 3년 동안 소스 연구에 매달렸습니다. 그렇게 개발한 소스를 바탕으로 한 닭강정이 전국 택배로 나가고 있어요.

택배를 하면 배달사고 위험은 없어서 좋은데 닭강정을 차질 없이 만들어서 보내는 것도 요령이 필요하고 시스템이 있어야겠더라고요. 무엇보다도 먹는 음식이니 닭강정을 만든 후 고객이 수령하는 시간을 가능한 줄일 수 있게끔 시스템을 만들었어요. 그래서 새벽이 바빠졌습니다. 오전 5시부터 닭강정을 만들기 시작해서 10시에 택배 물량을 끝내야 해요. 그런 다음 포장하기 전에 닭강정을 3~4시간은 식혀야 합니다. 그다음 포장을 시작하면 오후 4시 정도에 끝나요. 그러면 택배가 5시쯤 실어가요. 낮의 열기가 식을 때쯤 가져가시는 거죠. 우체국은 밤 8시에 나가는 게 마지막 타임인데, 그 전에는 보낼 수 있게 해서 닭강정이 박스 안에 가급적 오래 있지 않도록 해요. 오후 5시에 보내면 일찍 받는 분은 다음 날 오전 9시에도 받더라고요.

택배 덕분에 제가 지금껏 장사하면서 가장 큰 보람을 느낀 일이 있어요. 하루는 택배 고객님이 제게 카톡을 보내왔어요. 사촌오빠가 항암치료 중이라 입맛이 하나도 없었는데 엉짱윤 닭강정을 드시고 입맛이 조금 돌아왔다는 내용이었어요. 와… 그 글을 보고 펑펑 울었어요. 내가 만든 음식으로 누군가를 행복하게 할 수도 있구나. 그날 12시간을 일했는데도 힘든 줄 몰랐어요. 정말 보람되고 행복하다는 생각이 들었어요. 그 뒤로도 힘들 때마다 그 고객님이 보내주신 문자를 생각해요. 이 일은 블로그에도 저장해놨어요. 힘들 때마다 보려고요.

단골이 소외되지 않는 시스템 만들기

택배가 잘되기 시작하니 걷잡을 수 없었습니다. 닭강정이 많이 나갈 때는 하루에 120박스까지 보낸 적도 있어요. 그런데 빛이 있으면 그림자도 있잖아요. 택배가 잘되니 택배 때문에 생기는 문제도 있었습니다. 여름에는 아무리 신경 써도 덥고 습하니 닭강정이 쉽게 눅눅해져요. 2017년 여름에는 아이스박스에 아이스팩을 넣어서 배송해봤는데 맛은 나아지지 않고 단가만 올라가더라고요. 그래서 기온이 25도 이상으로 올라가는 6~8월, 길게는 9월까지 택배를 중단합니다. 택배 매출이 떨어지더라도 매장만 운영하고 있어요.

그 기간에는 택배로 주문하던 고객이 매장에 직접 오시기도 해요. 택배만 드셨던 분이 매장에 와서 포장해가시면서 "어떡해요? 앞으로 택배 못 먹을 것 같아요"라고 합니다. 아무래도 금방 튀긴 것과 하루라도 시간이 지난 건 맛이 다르니까요. 택배가 아닌 직접 포장해서 먹는 맛을 알게 되신 거죠.

이 문제를 어떻게 해결할지 계속 고민 중이에요. 지금 당장은 택배 주문할 때 '택배로 눅눅해질 수 있습니다'라고 고지하고 여기에 동의해야 주문이 이루어지도록 해놨어요. 방금 튀긴 맛을 기대하실 텐데 그럴 수는 없다는 걸 알려드려야 할 것 같아서요. 제가 배민아카데미와 함께한 강연 프로그램 〈세상을 바꾸는 시간, 15분〉에 나가거나 저희 닭강정이 방송을 탈 때마다 신규고객이 많아졌는데, 그분들은 방송만 보고 치킨을 주문했다가 기대만 못하다고 실망하시는 경우가 있거든요. 그런 피드백에 흔들리지 않는 성격이라 생각했는데 그래도 흔들리더라고요.

이것 말고도 회원가입을 해야 택배 주문을 할 수 있게 하는 등 조금 까다롭게 운영하고 있어요. 인증제여서 하루에 가입 가능한

인원도 제한돼 있고요. 방송에 나가고 나서 3000~4000명이 한꺼번에 가입신청을 했는데 승인에 2주나 걸리니 손님들이 화를 내시기도 했죠. 그래도 그렇게 관리하는 게 맞다고 생각해서 유지하고 있습니다. 신규고객이 갑자기 많아져서 기존 고객이 주문에 어려움을 겪는 일을 방지하기 위해서예요.

택배 초창기에는 닭강정이 맛이 없었어요. 그때 고객들은 돈 내고 다 드시고 나서 맛없다고 피드백을 주셨어요. 그런 분들이 지금까지 단골로 계십니다. 그분들이 신규고객에 밀려서 저희 닭강정을 못 먹게 되면 안 되잖아요. 그래서 인증제도를 도입해서 회원가입에 시차를 두고 있어요.

저는 이걸 강아지 사료 주문하는 곳에서 배웠어요. 지인의 추천을 받아 강아지 사료를 주문하려고 어느 사이트에 들어갔는데 회원가입 인증에 한 달이 걸렸어요. 당장 사고 싶어도 내 마음대로 못 사요. 강아지 사료는 주기적으로 사야 하니 기존 회원 중심으로 판매하겠다는 거죠. 거기서 새로운 시스템을 봤어요. 주문 시스템을 개선할 방법을 찾다가 저도 회원가입 인증제를 도입한 거죠.

처음에는 반발이 말도 못하게 심했어요. 기존 고객님이 먼저 주문하고 그다음에 여건이 될 때 인증해드리겠다고 했는데, 납득을 못하신 거죠. 그래도 기존 고객을 먼저 챙겨야죠. 아무리 돈 버는 게 좋다지만 기존에 우리 걸 드셨던 고객님들이 못 드시게 할 수는 없다고 생각해요.

더 나은 서비스를 위해 일부러 하지 않는 것이 또 있습니다. 주말에는 예약을 받지 않고 있어요. 예약제 때문에 오히려 불편함을 겪는 분들이 있거든요. 한 번은 어느 손님이 오셔서 100통 찍힌 통화목록을 보여주셨어요. 통화중이라 계속 전화하신 거예요. 주말에 주문량이 몰리면 전화를 받을 수 없을 때가 있거든요. 또 예약 없이 멀리서 오셨다가 헛걸음하시는 경우도 있고요. 죄송하고 마음이 불편했습니다. 그런데 예약제를 아예 없애면 고생스럽게 여러 번 전화하지 않아도 되고, 멀리서 왔다가 허탕 치는 경우도 없겠죠. 그냥 오셔서 가져가시면 되잖아요.

게다가 예약에는 누수도 많아요. 요즘 문제되는 노쇼(no-

▲방송 후 주문이 폭주해 회원인증제를 실시하게 되었다는 안내문. 50여 개의 격려 및 응원 댓글이 달렸다.

show)가 저희에게도 있거든요. 주문해놓고 안 오시는 분들이 하루에 한 팀은 있어요. 못 온다고 얘기해주면 예약 없이 온 손님에게라도 판매할 텐데 말이죠. 시간 약속을 정확히 안 지키는 경우도 많습니다. 30분이나 1시간 늦게 오시면 혹시 노쇼인가 하고 불안하죠. 닭강정 가져가시라고 독촉전화도 해야 하고 "이렇게 하시면 취소됩니다" 하고 문자도 드려야 해요. 일하면서 10년 넘게 통화했지만 노이로제가 생기더라고요. 간혹 예약시간에 오시지 않아서 연락하면 갈 건데 왜 전화하느냐고 화를 내는 분도 있어요. 그렇다고 제 입장에서는 무작정 기다릴 수도 없죠. 예약시간을 정하는 이유는 고객님께 가장 맛있는 상태로 음식을 전해드리고 싶어서인데요. "내가 내 돈 내고 사 먹겠다는데 식으면 어떠냐"라고 하시면 속상하죠. 또 한편으로는 예약이 다 차서 예약 못 하시는 고객님들에게도 죄송했고요.

그래서 주말에는 예약을 받지 않는 시스템으로 가게 되었습니다. 그랬더니 단골손님들은 오히려 좋아해요. 주말 예약을 받지 않은 후부터 매출에서 포장 비율이 훨씬 늘었어요. 주말 예약을 안 받으면서 조리 시스템도 바꿨습니다. 지금은 오전 9시 30분부터 계속 튀겨요. 주문의 80~90%가 닭강정 순살 큰사이즈거든요. 그걸 10시에 오시는 분들께 드리죠. 갓 튀겨낸 거라 손님들이 좋아해요. 단골고객도 그냥 오셔서 바로 가져가니까 훨씬 편하다고 하십니다. 시스템을 바꾼 직후에는 화내는 분들도 계셨는데 지금은 다

들 엉짱윤치킨의 규칙을 알고 수용하십니다. 고객들이 시스템을
바꿔주시는구나 싶어요.

전화받기야말로 사장님의 핵심 업무

앞에서 SNS 운영은 사장님이 직접 하셔야 한다고 했잖아요. 오
프라인 소통도 똑같아요. 전화도 사장이 받는 게 맞다고 생각합니
다. 많은 사장님들, 특히 남자분들 중에 주문전화 스트레스를 받는
분들이 있는데, 그래도 하셔야 합니다.

지금은 주방에 닭 튀겨주는 분들이 계셔서 전화응대가 한결 쉬워
졌지만 배달 전문점 할 때는 혼자 닭을 튀기면서 주문전화도 다 받
았어요. 간혹 배달하는 직원이 받으면 고객이 여자 사장님 바꿔달라

고 하셨어요. 그게 손님에게는 믿음인 거죠. 그런 믿음을 유지하는 게 신뢰를 쌓는 길이라 생각해요. 아무리 택배가 있어도 기본적으로는 동네 장사니까 처음부터 끝까지 그 신뢰를 지키는 게 중요해요.

귀와 마음이 열려 있으려면

장사는 공부해야 해요. 연구 안 하면 장사하기 힘들어요. 막강한 가게가 계속 나오니까요. 어설프게 공부해서 가게를 열면 얼마 못 가 문 닫아야 합니다.

제가 가장 많이 배우는 건 책을 통해서예요. 힘에 부칠 때마다 책을 보면서 마인드컨트롤을 했어요. 가장 큰 영향을 받은 건《한 평의 기적》이라는 책입니다. 제가 이 일을 시작할 때 멘토님께 빡빡하게 스파르타식으로 배웠어요. "장사하려면 무조건 12시간 이상 해야지. 12시간 이상은 서 있어야지. 여자든 남자든 사장이 되려면 당연한 거야."

저는 그 교육이 힘들었어요. 그런데《한 평의 기적》이라는 책에서 아버지가 딸을 그렇게 세게 가르쳐요. 양갱을 만드는 일본 가게인데, 아버지가 시종일관 이렇게 말씀하세요. "네가 여자고 딸이고는 중요한 게 아니다. 이 가게를 책임지려면 견뎌내야 한다." 양갱 만들려면 고온에서 땀을 뻘뻘 흘리면서 견뎌야 하거든요.

나도 저분처럼 버티고 견뎌야 하는구나, 장사하려면 버텨야 하고, 힘든 것도 이겨내야 내 브랜드가 살아남을 수 있겠다는 현실을 책을 읽으며 수긍했어요. 그런 식으로 저와 처지가 비슷한 사람들의 이야기가 담긴 책들을 접하면서 공부도 하고 마음의 위로도 받았어요. 저는 한 권을 다 독파하지 않아요. 필요한 부분만 틈틈이 읽는 편이에요. 책 읽을 시간이 많지 않으니 이렇게 쪼개서 읽을 수밖에 없더라고요. 그래도 하루에 한 줄 이상은 읽으려고 노력해요.

두 번째 배우는 상대는 사람입니다. 일단 배민아카데미에서 공부한 게 큰 도움이 됐어요. 장사하면서 가게 안에만 있으면 만날 수 있는 사람이 한정적이잖아요. 그런데 배민아카데미에서 다른 사장님도 만날 수 있으니 좋더라고요. 장사하다 보면 고객님들이 개선할 점을 지적하기도 하고, 불만을 말씀하시기도 하는데요. 불편을 드려 죄송하고, 제가 고쳐야 할 점을 알려주시니 감사하죠. 그런데 아주 가끔이지만 '블랙컨슈머'라 할 만한 분들도 상대하게 돼요. 그럴 때마다 힘들고 제가 겪는 일이 최악이라고 생각했는데, 저만 힘든 게 아니었어요. '내가 겪는 건 이분들에 비하면 별것 아니구나' 하는 생각이 들곤 하죠.

베테랑 선배뿐 아니라 새로 오픈하는 분들과 대화하면서도 자극을 많이 받아요. 막 오픈해서 하루에 10만 원 매출도 못 올리는 분도 저렇게 열심히 하는데 나도 더 힘을 내야겠다고 생각하죠. 장사 하다 보면 감사한 마음을 잃어갈 때가 있어요. 택배를 시작하고부 터 새벽 4시에 나와서 밤 11시까지 일할 때도 있는데, 아무래도 힘 들거든요. 장사가 잘되는 것이니 고마워해야 하는데도 정말 힘들 면 지칠 때가 있어요. 그럴 때면 전화벨 소리마저 피곤하게 느껴져 요. 이런 마음이 들 때, 갓 오픈한 사장님을 보면서 저분들께 저 전 화 한 통은 정말 간절하겠지 생각하며 마음을 다잡아요. 배민아카 데미는 그런 사람들을 만날 수 있는 공간이에요.

외식사업 교육 외에도 SNS 활동을 하다 보면 다양한 판매자들을 만나게 돼요. 한결같이 저보다 더 열심히 사는 모습을 보면서 자극 도 받고 위안도 얻습니다. 그분들이 열정적으로 바쁘게 지내는 걸 보면서 나만 이렇게 바쁘게 살아가는 게 아니구나 하고 느끼죠. 특 히 디저트나 의류 등 다양한 분야에서 앞서가는 분을 만나서 새로 운 세상의 이야기를 듣는 게 큰 도움이 됩니다. 생소한 사업 아이 템을 론칭한 분들의 얘기를 들으면 '아, 나는 그래도 할 만하네' 하 고 위안도 얻으며 그렇게 또 배워갑니다. 세상을 넓게 보고 다가가 는 것이 중요한 것 같아요.

어떻게든 다양한 사람을 만나며 배우려는 노력이 중요해요. 매 출과 별개로 누구든 한 명 한 명의 장점이 있잖아요. 책으로는 이 론적인 것을 배운다면 사람을 만나서는 그 분야에 대한 고충을 들 으면서 위안도 얻고 커뮤니케이션하면서 성장하는 것 같아요.

세 번째는 동영상이에요. 유튜브에서 강의 동영상을 보면서 마인드컨트롤을 해요. 유명강사인 김미경 선생님은 독설을 하잖아요. "너 그렇게 하면 안 돼. 쓰러지면 안 돼. 무조건 버텨." 농구선수 출신 서장훈 씨도 "즐기는 사람이 노력하는 자를 이길 수는 없다"고 하고요. 제가 그분들을 직접 만날 수는 없지만 강연 동영상을 보면 제 마음을 다잡을 수 있어서 좋아요.

프랜차이즈가 아닌 개인매장을 운영하려면 먼저 귀가 열려 있어야 해요. 귀와 마음이 열려 있어야 하고 반드시 멘토가 있어야 하죠. 어떤 분야든 숨은 고수가 많이 계세요.

장사를 처음 시작할 때에는 마인드가 열려 있는 분이 많아요. 그런데 3~4개월 지나면서 장사가 잘되고 매출이 몇 천만 원씩 나오면 귀를 닫더라고요. 하지만 장사는 한순간에 잘못되어서 문을 닫는 게 아니에요. 5~6개월 전에 잘못했던 실수가 쌓이고 쌓여서 결국 매출이 1000만 원 밑으로 떨어지는 것이거든요. 그래서 장사가 잘되더라도 안주하면 안 돼요. 멘토에게 조언을 많이 구하면서 장사하시면 좋겠다고 생각합니다.

잘 만든 신메뉴 하나가 매출을 견인한다

　사장님의 뇌를 열어보면 뇌 한쪽에 항상 새로운 메뉴에 대한 고민이 있을 것이다. 손님들은 계절메뉴나 신메뉴가 계속 나와줘야 이 가게가 발전하고 노력하고 있다는 생각을 한다.

　신메뉴 개발방식은 다양하다. 메뉴 간 결합을 해서 메뉴 수를 늘릴 수도 있고, 다른 나라의 소스나 재료를 활용하는 방법도 있다. 각자 가게의 컨셉과 어울리는 나라 음식이 있을 것이다. 아메리칸 스타일이 가미된 메뉴라면 복잡하게 생각할 것 없이 감자튀김을 함께 담아 내면 된다. 이탈리안 스타일이 가미된 메뉴라고 하면 토마토소스나 까르보나라 소스, 발사믹 식초를 넣는다거나 하는 식으로 응용할 수 있다. 퓨전음식이라고 하면 외국 음식의 특성을 다 담아야 한다고 생각해 선불리 시도하지 못하곤 하는데 그럴 필요 없다. 그 나라 음식에 관련된 것이 조금만 들어가도 퓨전음식이 될 수 있다. 이때 기왕이면 눈에 보이는 부분도 신경 쓰자. 미국식이면 이쑤시개에 미국 국기를 프린트해서 꽂아도 되고 멕시코식이면 작은 멕시코 모자를 선물로 준다든지 하는 식으로 퓨전 컨셉을 어필할 수 있다.

"잘 만든 신메뉴 하나가 매출을 견인한다."

'1982동대문야채곱창' 김재범 사장의 말이다. 그는 2016년 4월 배민에 가입해 2년 만에 월 주문 38건에서 2000건으로 매출을 급성장시킨 바 있다. 그 비결은 무엇일까? 그는 그 2년 동안 레시피를 총 12번 바꾸고 29가지 신메뉴를 만들었다고 한다. 그렇게 만든 메뉴들이 매출을 견인하는 활력소가 된 것은 물론이다. 김재범 사장의 신메뉴 개발 노하우를 살펴보자.

주재료의 단점을 보완하여 특별한 식재료로 만들어라

김재범 사장의 메뉴인 곱창은 물컹거리는 식감과 특유의 냄새 때문에 호불호가 강하며, 그 자체로는 정말 맛없다는 단점을 가진 식재료다. 그래서 대부분의 곱창집에서는 조리할 때 양념을 맛있게 하고 부재료에 포커스를 맞춘다. 그런데 김재범 사장은 원재료의 단점을 해결하고자 곱창 자체를 맛있게 하는 데 초점을 두었다. 비법양념으로 24시간 저온숙성하여 잡내를 없애고 곱창에 간을 배게 하고 숯불 직화로 초벌하여 잡내를 태우고 숯불향을 입혔으며, 식감을 더 좋게 하기 위해 물기를 제거한다. 초벌한 다음에는 식용유로 살짝 튀겨 곱창 표면을 코팅하고 물기를 한 번 더 빼 쫄깃한 식감을 낸 곱창으로 요리한다.

참 번거롭고 마진율도 떨어지지만 이런 노력 덕분에 고객들이 좋아하는 특별한 곱창요리를 할 수 있게 되었다. 이처럼 주재료를 특별한 재료로 만드는 것만으로도 남들과 차별화된 훌륭한 신메뉴를 선보일 수 있다.

자신의 식재료를 정확히 이해하고 다른 식재료와 접목시켜라

외식업에도 트렌드가 있는데, 요즘은 다양한 요리를 한 번에 맛볼 수 있는 요리가 선호된다. 중식당의 '짬짜'나 '탕짜' 메뉴가 가장 대표적인 예다. 한 끼에 먹을 수 있는 양은 제한적인데 먹고 싶은 요리는 많으면 조금씩 여러 가지를 드실 수 있는 요리를 만들면 된다. 단, 무작정 여러 요리를 섞기만 해서는 안 된다. 주재료를 정확히 알아야 서로 어울리고 맛을 극대화할 수 있는 신메뉴를 만들 수 있다.

예를 들어 돼지막창은 기름이 많고 고소한 맛과 쫄깃한 식감이 난다. 이러한 막창과 어울릴 만한 식재료는 삼겹살, 차돌박이, 베이컨, 돼지껍데기 등이 있다. 어떤 맛인지 먹지 않아도 상상할 수 있는 흔한 식재료이고, 대부분의 사람들이 좋아하고 어울릴 것이라 생각하는 조합이다. 이런 생각으로 김재범 사장이 만든 신메뉴가 '막창&베이컨', '소금차돌막창', '숯불양막삼겹', '막창에 돼지껍데기 사리'다. 모두 1982동대문야채곱창의 인기메뉴다.

여기서 주의할 것은 접목하는 과정이다. 막창과 접목시키는 재료들이 하나같이 기름이 너무 많으므로 막창을 숯불 초벌하여 기름을 절반 정도 제거했다. 소금차돌은 느끼할 수 있어 마늘가루와

후추를 첨가했으며, 숯불양막삼겹은 기존의 한식 양념에 달고 매운 맛을 더한 퓨전양념을 개발했다. 이처럼 단순히 식재료만 조합하는 것이 아니라, 조합에 맞는 조리방법을 연구하여 맛있는 요리로 만들어야 한다.

식재료를 조합한 신메뉴 개발은 어느 식당에서든 가능하다. 소불고기와 버거를 합친 소불버거, 김밥과 돈가스를 접목해 만든 돈가스김밥 등이 그러한 경우다.

레시피를 벤치마킹하라

한 가지 재료, 한 가지 레시피로 하는 요리 개발에는 한계가 있다. 이때에는 우리 메뉴에 다른 레시피를 접목해보면 매우 다양한 경우의 수를 얻을 수 있다. 삼겹살을 예를 들면 구워먹는 메뉴만 있으면 식상할 수 있으므로 중식에서 일반화된 굴소스와 숙주차돌박이 레시피를 이용해 삼겹숙주볶음을 만들 수 있다.

마찬가지로 족발집에서는 삶기만 하는 메뉴가 식상할 수 있으니 야채와 고추장불고기 레시피를 접목시켜 족발야채불고기를 만들 수 있다. 갈릭치킨 레시피를 족발에 접목시킬 수도 있다. 갈아둔 마늘로 갈릭소스를 만들어 튀긴 마늘과 함께 버무렸다가 족발 위에 뿌리면 군침 도는 신메뉴가 된다. 편마늘 튀김을 족발 위에 데커레이션하면 더욱 좋다.

이러한 응용은 얼마든지 가능하다. 신메뉴를 만들 때에는 주력

메뉴에 가장 잘 맞는 레시피를 찾아서 최상의 맛을 만들려는 시도가 중요하다. 최대한 많은 레시피에 접목해보라. 사장님의 끈기와 실험 정신이 필요한 순간이다.

맛집에 가면 으레 그 가게만의 '비법양념'이 있다. 사장님들이 메뉴 개발에서 가장 어려워하는 것이기도 하다. 그런데 이것도 신메뉴 개발방식을 응용하면 한결 쉽게 만들 수 있다. 떡볶이 양념 개발을 예로 들어 알아보자.

① 먼저 종이컵 10개를 준비한다. 떡볶이 소스의 기본 베이스는 고추장, 간장, 물엿, 마늘, 후추 등일 것이다.
② 기본 베이스 소스를 종이컵에 반씩 담는다.
③ 생각해두었던 새로운 소스를 각각 넣어본다. 1번 종이컵에는 자장을 넣고 2번에는 카레를 넣고 3번에 들깨가루를 넣는 식으로 10개 종이컵에 다 넣어보는 것이다.
④ 각각의 양념으로 떡볶이 1인분씩 만들어본다. 이런 식으로 2시간이면 10가지 양념을 다 맛볼 수 있다.
⑤ 그중 합격점에 가장 가까운 소스를 선택한 다음 비율을 맞춰본다. 5대 5, 6대 4, 7대 3… 이런 식으로 가장 잘 맞는 비율을 찾아나가면 양념 개발이 생각보다 어렵지 않을 것이다.

새로운 메뉴를 만들 때의 주의사항

이 밖에 신메뉴를 개발할 때 염두에 두어야 할 점이 있다.

첫째, 본인이 하는 매장의 주메뉴와 동떨어진 신메뉴를 만들지 말라. 예를 들어 중국집에서 김치찌개를 판다든지, 순댓국집에서 삼겹살을 판다든지, 냉면집에서 피자를 판다는 식이다. 설마 그렇게 할까 싶지만 주위를 보면 의외로 전문성 없는 식당들이 많다. 경기가 어려워지면서 '다른 가게에서 뭘 하니까 잘 팔리더라', '여러 메뉴를 해야 여러 손님을 받을 수 있겠지'라는 생각이지만 고객들은 한 가지를 먹어도 잘하는 집을 찾고 전문식당을 선호한다. 신메뉴 개발을 잘못하면 매출을 올리기는커녕 가게 이미지만 나빠진다.

둘째, 완조리 음식을 사서 신메뉴화하지 말라. 대형마트를 가보면 여러 종류의 완조리 음식이 있다. 재고관리가 쉽고, 혹은 메뉴 개발에 신경 쓰기 번거로워 완조리 음식으로 신메뉴를 만드는 곳들이 많은데, 식당을 하는 사람은 프로 요리사여야 한다. 고객들도 그 집만의 최선의 요리를 기대하지, 마트에서 누구나 살 수 있는 평범한 요리를 먹고 싶어 하지 않는다. 잘못하면 다른 메뉴에 대한 신뢰도도 떨어진다.

셋째, 지치지 말고 메뉴개발을 취미로 여겨라. 신메뉴를 만들지 못하는 가장 큰 이유는 시간이다. 매일 10시간 이상 장사하면서 언제 시간을 낼 수 있겠는가? 그러나 다르게 생각하면 매일 저녁을 먹고 간식도 먹는데, 이때 여러 가지 요리를 시도하면서 먹어보고 의견을 나누면 된다. 그리고 습관처럼 다른 음식을 먹으면서 자신의 요리와 접목시키면 어떨지 생각해보고 직접 해보는 것도 도움이 된다.

넷째, 기존에 쓰고 있는 메인 식재료로 만들어라. 여러 가지 식재료를 쓰게 되면 전문성도 떨어지고 재료의 낭비가 생긴다.

다섯째, 트렌드를 반영하라. 앞서 말했듯이 요즘에는 한 가지 음식보다는 적은 양에 여러 음식을 맛보는 것이 트렌드이고, 자극적인 맵고 달고 짠 맛이 대세다. 소스로는 굴소스, 마요네즈, 레몬소스 등이 트렌드다.

여섯째, 주 고객층을 정하라. 주 고객을 정하고 그들의 식습관과 입맛을 연구해야 한다.

일곱째, 만든 음식을 먹어보고 평가해줄 수 있는 사람을 여럿 만들어라. 자기만의 세계에 빠지지 말고 객관적인 평가를 받아야 발전이 있다.

여덟째, 고객이 맛있다고 '상상'할 수 있는 음식을 만들어라. 고객은 자신의 돈과 시간을 입증되지 않은 음식에 쓰지 않는다. 메뉴 이름만 보고도 새롭고 맛있겠다고 상상할 수 있는 음식을 만들어야 한다.

이 밖에 식지 않는 SNS 열풍 또한 놓쳐서는 안 될 트렌드다. 신메뉴를 개발할 때 김재범 사장은 맛 외에도 SNS에 음식 사진을 열심히 올리는 2030 젊은 층을 겨냥해 보기 좋고 특별해 보이는 메뉴를 만드는 데 공을 들였다고 한다. 포장 용기도 달리했다. 야채곱창 2인분을 통닭 2마리가 들어갈 정도로 큰 용기에 담아주어 '와!' 하고 놀라게 만들고 사진 찍고 싶게 만들었다. 포장을 열었을 때 안의 내용물이 흐트러지지 않게 하는 데에도 주의를 기울였다. 그래야 사진이 예쁘게 나오고, 고객이 사진 리뷰를 많이 달아주기 때문이다.

신메뉴 출시 시기

첫째, 처음 오픈 때부터 너무 많은 메뉴로 시작하지 말라. 가장 이상적인 메뉴 숫자는 3~5가지 정도다. 자신이 가장 자신 있는 메뉴를 충분히 어필하고 집중해서 맛집 이미지를 형성해야 한다. 처음부터 메뉴가 너무 많으면 고객들에게 혼란을 주고 직원들과 손발이 맞지 않은 상태에서 최선의 요리를 할 수 없게 된다. 메인메뉴가 충분히 어필된 3~5개월 후부터 신메뉴를 출시하자. 김재범 사장은 처음 장사를 시작할 때 숯불야채곱창, 숯불소금막창, 숯불양념막창 3가지 메뉴만 내다가 29개월 지난 지금은 17가지 메뉴로 장사하고 있다.

둘째, 한 번에 한 가지씩만, 적어도 2개월 간격은 두고 출시하라. 아이디어가 넘치고 개발해둔 메뉴가 많더라도 한 가지 메뉴를 충분히 알려서 맛있는 요리로 자리 잡은 후에 다른 메뉴를 출시해야 요리의 완성도를 높일 수 있고 지속적인 판매가 가능하다.

셋째, 시기와 트렌드에 맞게 신메뉴를 출시해야 한다. 김재범 사장은 얼마 전에 새로 개발한 닭갈비곱창과 소금차돌막창을 두고 출시순서를 고민하다가 근래에 차돌박이 전문점들이 생기고 호응이 좋다는 점에 착안해 소금차돌막창을 먼저 출시해 좋은 반응을 얻었다. 이처럼 외식업계의 트렌드에 맞춰 신메뉴를 내놓으면 좀 더 유리하다. 경기 등 사회적 분위기를 감안하는 것도 중요하다. 김재범 사장은 경기침체가 장기화되고 있는 시기인 점에 유념해 비싼 메뉴보다는 저렴한 고추장불백을 추가메뉴로 만들어 출시했다. 메인메뉴 2인분에 저렴한 추가메뉴를 선택하면 소비자 입장에서는 3인분보다 저렴한 가격에 푸짐하고 다양한 요리를 맛볼 수 있게 된다.

신메뉴 출시 후의 유의사항

애써 신메뉴를 만들고 나면 기다렸다는 듯이 팔려나가기를 기대할 것이다. 그러나 저절로 팔리는 음식은 없다. 신메뉴가 자리 잡기 위해서는 시간과 노력이 필요하다. 신메뉴 출시 후에 점검해야 할 것들을 살펴보자.

첫째, 반응이 없어도 실망하지 말라. 김재범 사장이 개발한 29가지 신메뉴 가운데 처음부터 반응이 좋았던 메뉴는 두 가지뿐이었다. 한 달가량의 홍보기간이 지난 후 15가지 메뉴가 자리를 잡았다. 나머지 12가지는? 메뉴판에서 사라졌다.

둘째, 출시한 신메뉴가 완성요리라 생각하지 말라. 출시 후에도 리뷰나 매장 손님들의 의견을 반영하고 발견된 문제점을 개선해가며 계속 발전시켜야 한다.

셋째, 꾸준히 홍보하라. 메뉴판이나 배달 앱에 신메뉴를 주메뉴 사진으로 올려 고객의 눈에 익숙하게 하자. 앱상에서는 사장님 한마디를 활용하는 등 홍보를 집중해야 한다. 매출은 이유 없이 오르지 않는다. 그 모든 이유는 장사를 하는 사장님이 만들어야 한다.

3장

기록하지 않으면 장사의 감(感)을 잃게 된다

고객을 기록하라

돈을 기록하라

업무를 기록하라

직원을 기록하라

디지로그 하라

하루
한 줄이
'성공'을
만든다

1~2년 버티다 보니 한계가 왔습니다.
대출받아 시작한 장사라 빚은 쌓이고,
개인적으로도 여러 문제가 복합적으로 터지니까
자포자기 심정이 되었습니다.
그 즈음이었어요.
제가 기록하고 정리하기 시작한 것이.
1년 동안 리더십 관련 훈련과
자기경영에 관한 공부를 했습니다.
그러면서 장사도 조금씩 잘되고,
2017년에는 매장 한 곳에서
매출 8억 원을 달성했습니다.
3년 연속 배달의민족 배달대상도 받았고요.

장사는
기록이다

준스피자 조병준 사장

저는 서울 강동구 길동에서 '준스피자'를 경영하고 있는 조병준입니다. 평범한 직장인의 삶을 살다가 창업한 지 10년째 됩니다. 저는 전자공학과 출신이고 음식과는 하등 관계없는 회사에서 직장생활을 했어요. 그런데 언제부터인가 아쉽다고 해야 하나, 감정이 복잡해지더라고요. 직장에서 내가 올라갈 수 있는 한계가 보이니 인생의 허무함도 느껴지고…. 그래서 조금이라도 젊을 때 내 일을 해보자 하고 2009년에 장사를 시작했습니다.

피자집을 선택한 특별한 이유는 없습니다. 피자집에서 아르바이트를 해본 경험이 있어서 그나마 친숙하고, 또 제가 피자를 좋아하기도 하고요. 고등학교 때부터 신문, 치킨, 버거, 족발, 피자, 한식, 중식에 퀵서비스, 대리운전까지 안 해본 배달이 없어서 배달에는 익숙했습니다. 마침 피자업을 했던 친구가 있어서 그 친구의 도움으로 몇 개월 준비하고 시작했어요.

지금은 외식 관련 교육이 많지만 그때는 거의 없었습니다. 창업하기 전에 피자 만드는 법은 배워서 알겠는데, 막상 경영은 부딪혀보니 온통 시행착오였어요. 제 머릿속에 있는 걸 짜내봐야 그럴듯한 아이디어가 나오는 것도 아니고, 배달 앱도 없던 때라 홍보라봐야 전단지를 만들어 아파트에 붙이는 게 고작이었습니다.

그렇게 1~2년 정도 버티다 보니 한계가 왔습니다. 어떻게 해야 할지 모르겠더라고요. 대출받아 시작한 장사라 빚은 쌓이고 어머니도 편찮으시고, 개인적으로도 여러 문제가 복합적으로 터지니까 자포자기 심정이 되었습니다.

그 즈음이었어요. 어느 방송에서 '3P자기경영연구소' 강규형 대표님을 알게 되었습니다. 그분의 강연을 듣고 곧장 대표님의 책을 사서 읽었습니다.《성공을 바인딩하라》라는 책이었는데요. 지금은 《바인더의 힘》이라는 책으로 개정되었습니다. 그때부터였어요. 제가 기록하고 정리하기 시작한 것이. 처음부터 기록을 잘했던 게 아닙니다.

몸도 마음도 힘들 때라 매일 일기를 쓰고, 바인더도 사서 책에서 시키는 대로 열심히 사용했어요. 그런데 혼자 하려니까 내가 잘하고 있는지 의문이 들더라고요. 바뀌는 것도 별로 없는 것 같고. 그래서 3P자기경영연구소에 문의했더니 저 같은 사람들을 위한 교육 프로그램이 있대요. 30만 원짜리 교육이었어요. 당시 가게 월세가 60만 원이었는데, 보름치 월세를 토요일 하루 교육에 쓴다는 게 이해가 안 됐어요. 그래서 망설이고 있었더니 교육 전 담당 과장님이 대표님을 만나게 해주셨어요. 그때 대표님이 그러시더라고요.

"사장님이 앞으로 멀리 가셔야 하는데 멀리 가려면 체력이 필요합니다. 지금 사장님은 개헤엄을 치고 있는 거예요. 멀리 가려면 자유형을 배워야 해요. 코치에게 트레이닝을 배워서 멀리 갈 수 있습니다."

제게는 그 말이 인사이트가 있었어요. 단순히 바인더 사용법을 문의했다가 교육을 받으면서 제 사명이 무엇인지 다시 생각해보고, 기록이 왜 필요한지도 알게 되었습니다. 교육받는 내내 가슴이 뛰더라고요. 그날 가지고 있던 자료를 다 끄집어내서 밤새워 다시 분류하고 정리했던 기억이 납니다.

그렇게 1년 동안 리더십 관련 훈련과 자기경영에 관한 공부를 했습니다. 그러면서 장사도 조금씩 잘되고, 2017년에는 매장 한 곳에서 매출 약 8억 원을 달성했습니다. 2015~17년 3년 연속 배달의민족 배달대상도 받았고요.

기록하지 않으면 장사의 감(感)을 잃게 된다

이쯤에서 눈치 채셨을 것 같습니다. 네, 저희 준스피자 성장의 비결은 '기록'입니다. 기록(記錄)은 사전적 의미로 어떤 정보를 수집·정돈해 특정 신호로 바꾸어 매체에 남기는 것을 말합니다. 맷돌 돌리는 장면을 떠올려볼까요? 쌀이든 콩이든 들어가는 게 있어야 나오는 게 있습니다. 장사 초기에 저는 아무것도 넣지 않은 빈 맷돌을 돌리고 있었습니다. 그러니 매일 돌가루만 나왔던 것이죠. 그래서 공부하기 시작했습니다.

어느 날 장사가 꽤 잘되는 업소의 사장님을 만났습니다. 매출이 어느 정도냐고 물어봤는데 잘 모르겠다고 하셨어요. 직원 인건비는 얼마인지 물어봐도 정확히 계산해보지 않아서 모르겠다고 하더군요. 사장은 숫자에 민감해야 합니다. 기록하지 않으면 장사의 감(感)을 잃게 됩니다. 제가 제 장사의 모든 것을 기록하는 이유도 감을 잃지 않기 위해서예요.

먼저 저는 '꿈 리스트'를 적었습니다. 하고 싶은 일, 가보고 싶은 곳, 갖고 싶은 것, 되고 싶은 모습, 나누어주고 싶은 것들을 적었지요.

그다음에는 이것을 이루기 위해 언제 무엇을 해야 할지 연간계획을 세웁니다. 해가 바뀌기 전에 항상 다음 해의 목표를 적어요. 영역은 총 5가지입니다. 일과 직업, 자기계발, 가정과 재정, 신체와 건강, 신앙과 사회봉사로 나눠서 기록합니다. 그런 다음 연간계획을 다시 월간계획과 주간계획으로 쪼개서 적어요.

예를 들어 제 꿈 리스트에는 '300개 점포'가 적혀 있습니다. 이 목표에 도달하기 위해서는 일단 매장 '하나'를 여는 것에서부터 시작해야 하잖아요. 그래서 '2020년 송파1호점 오픈'을 목표로 잡았습니다. 2020년 7월 1일 보증금 2000만 원에 월세 100만 원으로 15~20평 규모의 배달 및 포장형 매장을 열겠다는 목표입니다.

▲가장 먼저 기록한 꿈 리스트

그다음에는 목표를 이루기 위해 역순으로 무엇을 준비해야 할지 적습니다. 2019년에는 오픈할 매장 위치를 선정하고 공사 계획을 세워야 합니다. 그러려면 2018년에는 경쟁업소 조사 및 차별화 전략이 마련돼야 합니다. 한편으로는 2018년 7월부터 2020년 6월까지 매달 200만 원의 창업자금을 적립해서 총 4800만 원을 모을 겁니다. 이렇게 목표와 방법을 적고 코팅까지 해서 사물함에 붙여놓고 계속 보는 겁니다. 그러면 2020년에는 꿈이 현실이 되어 있을 거라 믿습니다.

월간계획은 1년의 목표를 12개월로 나누어 관리합니다. 주간계획은 월별 목표를 다시 주 단위로 끊어서 관리합니다. 월간계획에 '신메뉴 개발'이 있다면 주간계획에 토마토소스 개발 1, 토마토소스 개발 2, 토마토소스 개발 3, 이렇게 매주 실행해가면서 기록하는 방식입니다.

　저는 한눈에 보기 편하려고 색깔로 일의 성격을 구분하곤 합니다. 보라색은 사람 미팅, 빨간색은 직원에게 맡길 수 없는 주업무, 주황색은 재료손질 등 직원에게 맡겨도 되는 부업무, 연두색은 개인적인 일, 파란색은 자기계발에 해당하는 일이에요. 이것만 봐도 제가 일주일 동안 어떻게 살았는지 알 수 있어요. 파란색이 많으면 제 성장에 많은 시간을 쓰고 있다는 뜻이고, 빨간색이 많으면 주업무에 시간을 많이 쓰는 거예요. 이런 식으로 매일 계획하고 점검하고 반성하는 태도가 중요합니다.

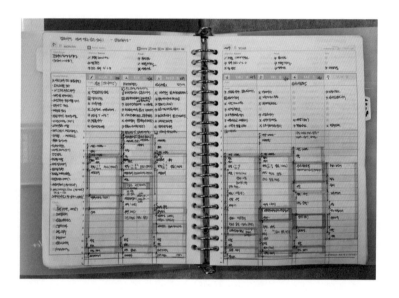

이런 식으로 일과 계획뿐 아니라 완수해야 할 일의 진도 체크도 할 수 있습니다. 예를 들어 독서도 이런 식으로 관리해요. 1년에 책 24권 읽겠다고 목표를 정하면 한 달에 두 권씩 읽으면 되겠지요. 주 단위로 쪼개면 2주에 한 권씩 읽으면 돼요. 300쪽짜리 책이라면 하루에 25쪽씩 읽고 점검하는 거예요. 진행중인 항목에는 '/', 완수했으면 획을 더 그어서 '×' 표시를 합니다. 오늘 못한 건 내일다시 하면 되는데, 더러는 미루지 않고 최우선으로 해야 하는 일도 있잖아요. 그런 항목은 'ㅁ'로 표시합니다. 이런 식으로 해야 할 일을 구분하면 우선순위에 따라 일을 챙길 수 있어요.

적자생존, 저는 이 말을 '적는 자만이 살아남는다'라는 뜻으로 생각합니다. 저는 업무의 모든 것을 체계적으로 분류하고 정리하기 위해 바인딩 기계도 사서 항목별로 철해둡니다. 한때 '거실을 서재로' 캠페인이 활발했는데, 저는 '주방을 서재로' 만들어서 모든 기록물을 보관하고 있습니다. 그럼 이제부터 제가 무엇을 그렇게 열심히 기록하는지, 어떻게 기록하면 좋은지 알려드리겠습니다.

고객을 기록하라

무엇을 기록해야 할까요? 첫 번째는 '고객'입니다.

고객 리뷰 분석은 필수입니다. 저는 매일 포털 사이트에 '준스 피자'를 검색해서 어떤 포스팅이 올라오는지 확인합니다. 배달 앱에서도 똑같이 하고요. 한 번은 배민 앱 리뷰에 이런 글이 올라왔어요.

"문 두드리면 강아지가 엄청 짖어대서 전화 달라 써놨는데… 엄청 짖어댔네요. 피자는 항상 맛있습니다."

배달 요청사항에 써놓은 걸 미처 반영하지 못한 것이죠. 이런 개선요구사항이 들어오면 포스 기기에 '벨 누르지 말 것' 같은 항목을 입력해서 아예 주문서에 인쇄돼 나오게 했어요. 같은 실수가 없도록 해야 하니까요. 리뷰 분석을 통해 얻은 아이디어와 해결방안을 포스 메뉴에 적용한 사례는 다음과 같습니다.

아이가 먹을 수 있게 잘게 잘라 주세요 ···▶ 벌집커팅 또는 16커팅

단체고객 주문 ···▶ 접시 및 일회용 장갑 준비

기성 피클 안 먹어요 ···▶ 수제 피클

반반도 되나요 ···▶ 반반 피자

문 앞에 놓고 가세요 ···▶ 문 앞에 두고 갈 것

개가 짖어요 ···▶ 1층 전화

배달 앱은 사장님들이 활용하기에 따라 아주 유용한 정보처가 될 수 있어요. 저는 어느 지역을 가든 배민 앱을 켜서 그 동네 1위

매장을 검색합니다. 여기 1위 업소는 어디인지, 사장님이 어떻게 응대하는지 리뷰와 댓글을 보며 배웁니다.

고객의 요구사항이 쌓이면 그것들을 시스템화해서 새로운 메뉴를 개발하거나 서비스 아이디어를 얻을 수 있습니다. 준스피자의 강점이라면 고객이 원하는 것을 곧바로 실행할 수 있는 시스템인 것 같아요. 손님이 크림소스가 먹고 싶다고 하시면 그걸로 자연스럽게 신메뉴를 만들 수 있어요. 손님께 드려보고 피드백을 받으면서 수정사항을 체크하는 거죠. 그렇게 고객의 요구에 부응할 수 있습니다. 그 결과는? 신규고객이 단골이 됩니다. 고객의 요구사항과 의견을 기록해야 하는 가장 중요한 이유죠.

돈을 기록하라

두 번째는 '돈'을 기록하셔야 합니다. 새벽부터 밤늦게까지 주방과 홀을 바쁘게 오가는데, 통장에 그만큼 돈이 쌓이나요? '바쁘긴 한 것 같은데 통장에 돈이 없네', 이런 생각을 해본 적은 없으신가요? 저는 장사 초반에 매일 그랬습니다. 그래서 기록했습니다. 매출을 기록하셔야 해요.

또 하나, 지출을 기록하셔야 합니다. 총매출에서 총지출을 빼면

▲들어오고 나가는 돈을 기록하는 것은 사장의 책임이다.

순이익이잖아요. 장사에서 돈 많이 버는 것만큼 중요한 것은 적게 쓰는 것입니다. 들어오고 나가는 돈을 기록하는 것은 가계를 관리하기 위한 사장님만의 권리이자 책임임을 기억하셔야 합니다.

지출내용은 고정비와 변동비로 나뉘죠. 고정비는 임대료, 급여, 고용보험, 화재보험 등 각종 보험, 통신비, 전기세, 도시가스비 정도이고요. 변동비는 잡화용품, 앱 이용료 및 수수료, 판촉비 등입니다. 만약 부채가 있다면 그것도 매달 기록하며 빚이 줄어드는 걸 확인하면 좋죠. 당연히 이자율이 높은 부채부터 먼저 갚아야 할 테고요. 저는 매출 대비 총재료비/인건비/관리비/판촉비, 카드 수수료, 앱/외부결제 수수료, 교육비, 운영비, 세금 등을 기록하면서 수익분석을 합니다.

1년에 한 번은 견적을 점검하자

원가절감을 위해서는 식자재 비용이 얼마나 들어가는지 매일 체크하면서 관리하는 것이 기본입니다. 저는 매출이 올라갈수록 원가는 떨어져야 한다고 생각해요. 무조건 값을 깎으라는 이야기는 아니고요. 매출이 올라가면 구매하는 식자재의 양이 늘어날 테니, 주문량에 따라 유통업체의 원가가 어떻게 달라지는지 체크해야 한다는 뜻입니다. 식자재 유통업체 입장에서도 한 달에 1kg 쓰는 가게와 1000kg 쓰는 가게에 똑같은 단가를 요구하지는 않으니까요.

매출이 올라가면 우리 식자재를 관리해주는 유통회사 말고 다른 유통회사에서 연락이 옵니다. 명함과 샘플을 갖다주죠. 매출이 이정도 나가니 우리는 얼마에 식자재를 공급하겠다고 견적을 제시해줍니다. 설령 새 업체와 거래하지 않더라도 이들이 주는 견적을 꼼꼼히 살펴보고 현재 시세가 어느 정도 되는지 파악하셔야 합니다. 다른 데 견적을 받아보지 않으면 시세를 알 수 없으니까요. 적어도 1년에 한 번 정도는 점검할 필요가 있어요.

저도 매출이 올라가는데 원가는 그대로여서 유통하는 대표님께 가격을 내려달라고 말씀드린 적이 있어요. 그래서 조금 내려주셨는데, 타 업체 견적을 받아보니 더 내려주겠다고 하는 겁니다. 이 자료를 가지고 다시 협상했죠. 덕분에 원가가 100만 원 정도 줄었던 기억이 있어요. 100만 원이면 적은 돈이 아니잖아요. 그래서 한 번쯤 견적을 받아보는 건 나쁜 게 아니라는 걸 말씀드리고 싶습니다.

지출항목 별 체크카드와 통장을 따로 만들자

먼저 개인과 사업 용도의 계좌를 분리하는 것을 추천합니다. 그래야 정확하게 관리할 수 있습니다. 카드도 사용처에 따라 구분해서 쓰기를 추천합니다. 지출이 큰 영역으로 구분해서 따로따로 체크카드를 쓰는 겁니다. 저는 직원들이 밥 먹을 때 쓰는 식대 카드와 식료품 및 잡화를 살 때 쓰는 잡화/마트 카드를 따로 씁니다. 매달 각 카드에 집행예산을 넣어두고 그 항목에 해당하는 것들만 결제하게 하는 겁니다. 그 품목을 사장님이 정해서 지출관리를 하고 매달 정산하는 것이죠.

이런 자료들을 빠짐없이 모으면 식자재는 매출의 몇 퍼센트인지, 잡화는 몇 퍼센트인지 항목별로 비율이 나오죠. 사장님은 이런 비율을 파악해두어야 합니다.

그런데 정리를 잘하는 사장님들도 가끔 빼먹는 항목이 있어요. 바로 '세금'입니다. 통장에 있는 돈은 다 내 돈이 아닙니다. 세금으로 내야 할 돈은 내 돈이 아니에요. 5월에 종합소득세 신고를 하는데, 이걸 미리 준비하지 않으면 한꺼번에 목돈을 토해내야 해서 자금운용이 힘들어집니다. 그러니 세금도 미리 계산해두어야 해요. 1년 동안 내야 할 세금이 1억 원이라면 한 달에 800만 원씩은 모아야 한다는 이야기입니다.

저는 세금 통장을 따로 만들고 전년도 총 세금을 12등분하여 매달 적립합니다. 부가가치세는 1년에 4번 신고해야 하니 3개월마다 비축된 돈이 있어야 합니다.

이게 끝이 아닙니다. 준비할 통장이 하나 더 있습니다. 바로 '마중물 통장'이에요. 경영을 하다 보면 갑작스럽게 일이 터질 수가 있어요. 그럴 때 쓸 돈을 준비해두어야 합니다. 저는 마중물 통장에 한 달에 100만 원씩 저금해요. 큰일이 터지면 쓰려고 모아두는 겁니다.

업무를 기록하라

세 번째 기록할 것은 '업무'입니다. 매출을 올리려면 돈 말고도 평소 잘 챙겨야 할 것들이 더 있는데요. 업무 매뉴얼, 업무일지, 거래명세서, 업무마감 매뉴얼 등입니다.

업무 매뉴얼은 직원들이 출근해서 바로 진행해야 할 일을 정리한 것입니다. 이대로만 하면 실수 없이 효율을 높일 수 있습니다. 하루 일과가 끝나면 히터나 에어컨 등 중요한 시설을 꼭 점검하고 퇴근할 수 있도록 체크하는 업무마감 매뉴얼도 있습니다.

업무일지에는 항목별 매출 내용, 금액, 근무자, 정산서를 기록하

▼업무 프로세스부터 오픈 준비까지 모든 것은
기록으로 남긴다.

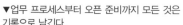

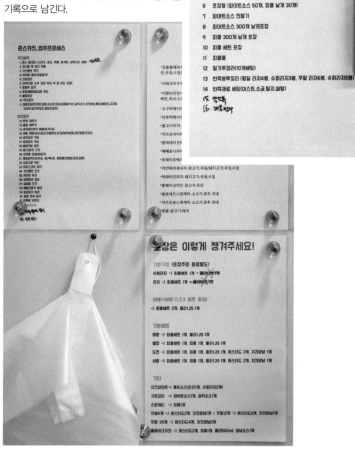

◆ 오픈 준비 매뉴얼 (뒤)

1. 반죽 (평일 라지14, 슈퍼라지3 . 토요일 라지16 슈퍼라지15)
2. 야채 (피망, 양파, 오이)
3. 피클 포장
4. 소시지 작업 (항상 재고 한 봉지 준비할 것)
   삼겹 (라지 15g, 슈퍼라지 90g)
   소시지 (라지 100g, 슈퍼라지 150g)
   갈릭갈지 (라지 100g, 슈퍼라지 130g)
5. 화이트소스 튜브에 채우기
6. 포장용 (화이트소스 50개, 피를 낱개 30개)
7. 화이트소스 만들기
8. 화이트소스 300개 낱개포장
9. 피를 300개 낱개 포장
10. 피를 세트 포장
11. 피클몰
12. 밀가루정리(10개세팅)
13. 반죽봉투정리(평일 라지4봉, 슈퍼라지3봉, 주말 라지6봉, 슈퍼라지5봉)
14. 반죽재료 세팅(이스트.소금.탈지.설탕)
15. 화연도
16. 재료발주

는데요. 이는 재고나 매출을 관리하는 데 도움이 됩니다. 거래명세서로 누락되는 제품이 없는지 체크하고 미수금도 기록합니다. 사장이 없었던 날에도 다음 날 이것만 보면 전날 누가 출근했고 어떻게 일했으며 얼마나 판매됐는지 알 수 있어요.

업무일지 외에도 저희는 피자 도우를 직접 반죽해서 발효하기 때문에 도우 상태를 확인하기 위해 매일 발효일지를 기록하고 있습니다. 처음에는 양식이 없어서 노트를 찢어서 만들었어요. 그 후 이리저리 항목을 늘렸다 줄였다 하면서 차츰 표준화했죠. 이 레시피대로 OEM을 의뢰하면 이대로 제조해서 저희에게 납품할 수 있을 정도예요.

업무규정은 대부분의 업소에서 만들어놓았을 것 같은데, 식당을 가거나 책을 읽다가 참고할 만한 내용이 나오면 적극적으로 벤치마킹하고 있습니다. 한 번은 배달의민족의 '송파구에서 일 잘하는 방식'을 보고 영감을 얻어서 저희도 우리만의 일 잘하는 방식을 정리해서 붙여두었습니다.

직원을 기록하라

네 번째 기록 대상은 '직원'입니다.

✱ 준스피자 길동점에서 일 잘하는 방식 ✱

1. 우리의 존재는 단순히 피자를 만드는 것이 아니다. 우리의 존재는 세계 최고의 감동 서비스를 만드는 것이다. **우리는 기본을 넘어선다.**
2. 웃지 않으려거든 주방에서 양파 까라. **양파를 까며 눈물로 회개한다.**
3. 5S시스템(정리, 정돈, 청결, 청소, 질서) **나의 모습은 나의 마음 상태이며 우리 매장의 상태이다.**
4. 10시 31분은 10시 30분이 아니다. **우리는 규율 위에 세운 자율적인 문화를 지향합니다.**
5. 양보다는 질로 승부한다. **가성비만을 생각하는 피자와 고객의 건강까지 생각하는 피자**
6. 간단한 보고는 카톡으로, **심각한 보고는 마주보며.**
7. 잡담 가운데 피어나는 아이디어는 통닭이 보상한다. **고요 속의 외침**
8. 피자메이커가 피자만 잘 만들고, 라이더가 배달만 잘하면 장사하다 끝난다. **멀티플레이어가 돼라.**
9. 일하다 힘들면 잠수타지 말고 한 달간 휴가를 신청하라. **장기근속자 무급휴가 가능**
10. 나의 직무가 무엇이고 앞으로의 직무는 무엇인지 생각하라. **생각하고 발언하고 행동하고 반성하라.**
11. 우리는 운명공동체다. **책임질 일이 있을 때는 모두가 함께 책임지며 성과에 대한 보상도 함께 나누어야 한다.**
12. 가불은 가불을 낳는다. **저축하는 인생**
13. 우리는 동태인가 생태인가. **자기계발을 소홀히 해서는 안 됩니다.**
14. 우리가 일하는 곳은 우리의 무대이다. **당신이 주인공입니다.**

장사하는 분들의 가장 큰 고민은 어디든 '사람 관리'인 것 같습니다. 업무 태도가 좋지 않은 직원도 있고, 며칠 일하다가 연락도 없이 안 나오는 아르바이트생도 있고, 주방장이 갑자기 그만둬 버리는 경우도 있습니다. 이런 사태를 방지하기 위해 저희는 준스의 인재상, 취업규칙, 근무규정을 꼼꼼히 만들어 공유하고 있습니다.

우리 가게에서 일 잘하는 직원의 기준이 무엇인지 인재상을 밝히고, 직원이 새로 오면 앞으로 어떤 식으로 일하게 되고, 복지는 어떻게 될 것인지 취업규칙으로 미리 설명해줍니다. 특히 요즘 젊은 친구들은 휴무를 중요하게 여기기 때문에 근무시간과 휴무를 잘 구분해서 챙겨줘야 합니다.

대신 직원들도 지켜야 할 게 있어요. 저는 지각을 정말 싫어합니다. 저희는 급여 심사기준에 따라 6개월마다 급여협상을 하는데 이때 조건이 있어요. 우리 가게의 매출이 직전 3개월(분기)보다 오르면 함께해준 직원의 급여인상을 논의해요. 단, 3회 이상 지각을 하면 협상대상자에서 제외됩니다. 직원들에게 해줄 것과 제가 요구하는 것을 규정으로 정리해 공유하면 나중에 불필요한 오해가 생길 일이 적어집니다. 사장이 없어도 매장이 잘 돌아가게끔 규칙을 정해두는 거죠. 이렇게 취업규칙, 근무규정을 정해놓으면 제가 외국에 갔다 와도 문제없겠죠.

✳ 준스의 인재상 ✳

▶ 발전이 없는 직원은 업무를 바꾸거나 별도의 조치를 취한다.

▶ 꿈이 없는 사람은 계획을 세우지 않고, 계획을 세우지 않는 사람은 실행에 옮기지 않는다.

▶ 실행에 옮기지 않는 사람에게서는 성과를 기대할 수 없다.

▶ 나는 모든 직원이 자신의 능력을 갈고닦아 스스로 향상하기를 원한다.

▶ 사람이든 회사든 모든 일에 끊임없이 문제의식을 느끼고 더 나아지기 위해 노력할 때만 발전할 수 있기 때문이다.

✳ 근무규정 ✳

▶ 출퇴근(오전 10시 30분~오후 10시 30분)

▶ 업무 내용 전달 및 체크(오픈 시)

▶ 호칭은 직급에 따라

▶ 오픈 시간 이전 전화는 받지 않음

▶ 모든 배달이 완료되기 전까지는 마감 후에도 전화를 받음

▶ 라스트 오더는 매장 마감 알람 전까지 받음 (단, 대기 주문 20건 이상 시 30분 일찍 마감, 앱 주문 정지 요청)

▶ 점장은 업무 프로세스에 따라 체크리스트 관리

▶ 매장에서 일하는 모든 팀원은 반드시 바인더와 볼펜 소지

▶ 5S 시스템(정리, 정돈, 청결, 청소, 질서)

성장을 기록하라

저희는 2009년 오픈 이후 매년 매장 직원들과 함께 찍은 사진들을 모아 사진첩으로 만들고, 직원들에게도 꿈 리스트를 적게 합니다. 준스피자가 앞으로 계속 성장할 텐데, 지금 직원들이 각자 광진점 사장이 되겠다, 하남점 사장이 된다는 꿈을 적어서 캐비닛에 붙여두고 서로 응원하고 있습니다. 직원을 기록하는 것 자체가 팀원들과 함께 행복한 기업을 만드는 과정이 됩니다.

직원들이 매장 하나를 책임지는 사장이 되려면 저희 매장에 있을 때 부지런히 배우고 익혀야 합니다. 그 또한 사장으로서 저의 책임이죠. 그래서 직원들과 계속 공부하고 있어요. 《타임 파워》라

▲사장과 직원이 각자 꿈을 적고 사인한 다음 캐비닛에 붙여두었다.

는 책에서는 한 분야의 전문가가 되려면 그 분야와 관련된 책을 적어도 150권은 읽어야 한다고 합니다. 강의도 들어야 하고요. 피자를 팔려면 밀가루에 관한 책을 읽고 공부해야 합니다. 피자에 대한 책이 150권이 안 되니 그 대신 장사 관련 책을 많이 읽었습니다.

3P자기경영연구소에는 매주 토요일 아침 6시 40분 '양재나비'라는 독서모임이 열립니다. 나로부터 비롯되어 선한 영향력을 끼치는 독서모임입니다. 초등학생부터 대학생, 직장인까지 200명 가까운 분들이 모입니다. 모임에 처음 갔을 때에는 '도대체 이 사람들은 뭐지' 하며 쇼크를 받은 기억이 납니다. 그러던 저도 모임에 참여하면서 독서경영을 하게 되었고, 직원들과 함께 독서모임을 하며 서로 자극을 받고 배워가고 있습니다.

기록이 브랜드를
강하게 한다

제가 피자를 잘 만들어서 피자집을 낸 게 아니었기 때문에 가게를 열고 나서도 정말 열심히 공부했습니다. 이탈리아 화덕피자 전문가 과정을 등록해서 6개월 공부하고 이론도 많이 배웠어요. 실전에서는 경쟁업체가 제 선생님이었습니다. 저희만의 메뉴를 만들때 경쟁업체들의 메뉴 전단지를 모아서 메뉴 분석북을 만들었어요. 그걸 따라 해보면서 저희만의 메뉴를 만들어갔습니다.

신제품 피자를 만들 때는 먼저 어떤 피자가 될지 머릿속에 그려보고 토핑을 이것저것 바꿔 얹어보면서 맛을 내요. 쉬림프 피자를 만든다 해도 새우가 여러 종류이니 다 얹어보면서 최상의 맛을 찾는 거죠. 저희끼리 먹어보고 맛이 괜찮겠다 싶으면 배달 앱에 올려서 테스트를 해봅니다. 그중 히트 친 게 '강동불패' 피자예요. 현재 저희 매출의 30% 이상을 차지하는 대표선수, 효자상품이죠.

메뉴를 기록, 개발하면서 맛뿐 아니라 피자 자체에 대한 고민도 많이 하게 됐어요. 저희 피자는 20~30대가 주요고객이지만 연령대를 막론하고 요즘은 건강에 관심이 많잖아요. 그래서 지금은 유기농 밀가루로 도우를 반죽하고 있습니다. 이스트 대신 천연효소종을 발효해서 쓰는 이유도 같아요. 피자에서는 이런 게 차별화가 되죠.

기록이 남긴 저희만의 자산이 또 있습니다. 손님들이 앉아서 피

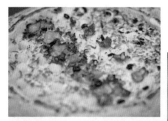

▲메뉴 분석북을 만들어 효자상품을 만들어냈다.

▶기록이 남긴 자산, 준스피자 이야기.

준스피자 이야기~

고등학교 시절부터 용돈을 벌기 위해 신문배달을 시작으로 족발, 치킨, 피자, 한식, 중식, 양식, 심지어 퀵서비스 대리운전까지~ 해보지 않은 배달이 없을 정도로 배달 일을 했습니다.

전자공학과를 졸업하고 평범한 직장인의 삶을 살다가 31살에 직장 생활에 어려움을 느끼고 "조금이라도 젊을 때 내 것을 해보자" 라는 마음으로 창업을 결심하였습니다.

피자를 좋아했던 저는 마침 피자업계에 종사했던 친구의 도움으로 함께 시작을 하게 되었습니다.

제 이름 조병준의 끝 자 "준"을 따서 시작한 준스피자는 2009년 강동구 명일동에 10평 매장을 시작으로 2016년 6월 길동으로 확장 이전 하여 현재 까지 운영 중에 있습니다.

준비 없이 시작한 창업은 너무 어려웠습니다. 2013년 장사도 배워야 한다는 것을 깨닫고 업에 필요한 모든 지식을 습득하여 적용하기 시작했습니다.

이 후 준스피자는 2015년~2017년 3년 연속 전국 배달의민족 배달업소 중 0.05%에 해당하는 배달의민족배달대상을 수상하는 업소가 되었으며 배달의민족 특강 강사로도 활동하게 되었습니다.

앞으로도 고객님들께 맛있고 건강한 피자를 선물 하기 위해 더 노력 하겠습니다.

자를 기다리는 의자에는 《준스피자 이야기》라는 책을 한 권 놔뒀어요. 연도별 폴더를 만들어서 저희의 기록을 보여주는 책이에요. 음식을 기다리는 동안 저희의 브랜드 히스토리를 볼 수 있어요. 과거 매장 사진, 메뉴 이야기, 군대 간 직원이 보낸 편지도 있어요. 손님들이 피자 기다리는 동안 심심하니 한 번씩 넘겨보시면서 '아, 준스피자가 이런 곳이구나' 하고 자연스럽게 알게 되는 거죠.

디지로그 하라

그 밖에도 다양한 기록이 서류철에 담겨 제 서재인 주방에 빼곡이 꽂혀 있습니다. 기록은 누구나 할 수 있어요. 꼭 아날로그 방식이어야 할 필요도 없습니다. 저도 디지털로 해서 좋은 건 디지털로 기록해요. 일종의 '디지로그' 방식이죠. 빨간색, 파란색 구분해가며 열심히 붙여놓는 게 중요한 게 아니라 그걸 자기 방식대로 잘 실행하는지가 중요하잖아요. 기록은 자기경영의 일부입니다. 기록하고 공부하는 것이야말로 자신을 업그레이드하는 과정이에요.

외식업은 쉽지 않습니다. 요즘은 프랜차이즈 창업이 많은데, 예전에 중고가였던 프랜차이즈 브랜드도 요즘은 중저가로 내려왔어요. 벌 수 있는 파이가 점점 작아지는 느낌이에요. 그러니 어떻게든 살아남으려면 공부해야 합니다. 기록하면서 개선점을 찾고, 배민 아카데미 같은 곳에 가서 외식 관련 교육도 받고 공부도 하고, 다양한 사장님들을 만나서 푸념도 하고 격려도 받고 있습니다. 그렇게 하지 않으면 살아남을 수가 없어요. 대기업이 골목상권까지 다 점유해가고 오토 매장을 만들면서 치고 나가고 있는데 가만히 있으면 되나요. 우리도 뭐라도 해야죠. 당장 자동화할 자본은 없지만 직원들과 제가 하는 일을 연구해서 매뉴얼로 만들면 훨씬 효율이 높아집니다. 오픈 준비 매뉴얼 같은 사소한 장치도 있는 것과 없는 것은 천지차이예요. 제가 기록과 시스템을 강조하는 이유입니다.

기록이 좋은 또 한 가지 이유가 있어요. 사장은 힘듭니다. 어렵습니다. 저도 가게가 잘 안 될 때는 일을 마치고 새벽에 롯데리아에서 배달 아르바이트도 했습니다. 빚 때문에 채권자에게 매일 시달리고 허리가 안 좋아져서 시술도 받아야 했죠. 오토바이 배달을 하다가 사람을 다치게 해서 법원에 간 적도 있습니다. 제 일기장에는 아직도 그때의 법원명령서가 있습니다. 정말 힘들었습니다. 그때 시작한 게 매일 일기 쓰는 거였어요.

저는 기록을, 장사하면서 지칠 때 기운(氣)이 빠져나가지 않게 잠가주는(lock) 힘이라고 생각합니다. 덕분에 어려운 상황에서 헤어날 수 있었다고 생각합니다. 일기부터 시작해보시면 좋겠습니다. 하루 한 줄도 좋습니다. 그 한 줄이 사장님의 멋진 성공스토리를 만들어줄 것입니다.

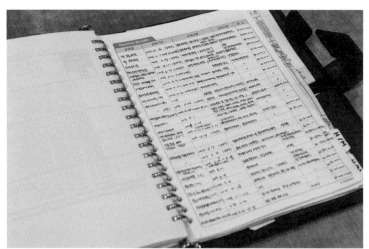

▲공부를 기록한 트레이닝 레코드와 서재가 된 주방. 기록하고 공부하는 것이야말로 자기 자신을 업그레이드하는 과정이다.

숫자로 고민하고 숫자로 생각하면 해법이 보인다

매출을 끌어올리기 위해 무작정 열심히 음식을 만들고 배달을 하면 매출이 올라갈까? 물론 그럴 수도 있다. 성실은 기본이다. 이 것 말고도 장사가 잘되는 방법은 수백 가지가 있을 것이다.

장사는 예측 불가능한 일이다. 외식업에도 유행이 있어서 사람 들의 입맛에 따라 희비가 엇갈리고, 식재료 파동이나 경기 등에 큰 영향을 받을 수밖에 없으므로 다양한 변수가 존재하는 것은 당연 한지도 모른다.

그렇지만 외부 상황의 변화에 우리 가게의 운명을 내맡기고 있 을 수는 없다. 어떤 상황에서도 흔들림 없이 사업을 영위하려면 단 단한 운영 시스템을 갖춰야 한다. 시스템이라고 해서 거창할 건 없 다. 음식점을 경영할 때 필요한 시스템은 3가지다. 맛을 내기 위한 기본적인 매뉴얼인 '레시피'가 있고, '데이터'가 있다. 또한 혼자 서 모든 일을 다 할 게 아니면 사람들이 할 일의 규칙을 정하고 업 무를 나누는 '업무분장'이 필요하다. 이 3가지가 시스템을 꾸려나가는 기본이 된다.

천안에서 한정식집을 운영하는 '마실푸드'의 박노진 대표는 그
중에서도 데이터 경영으로 사업을 일구어온 대표적인 인물이다.

"모든 것을 숫자로 생각하는 습관을 들이면서부터 제게 변화가
찾아왔습니다."

그는 평소 가게에 대해 기록한 것이 있어야 장사를 할 수 있다고
까지 강조한다. 기록이 없으면 계산상으로는 분명 1000만 원이 남
아야 하는데 내 주머니에는 그만큼 없는 일이 비일비재하게 생긴
다. 부가세 낼 때는 부가세 낼 돈이 없고 소득세 낼 때는 소득세 낼
돈이 없어서 애를 먹는다. 왜일까? 평소에 기록하면서 관리하지 못
했기 때문에 벌었던 돈이 다 새어나간 것이다. 그는 10여 년간 식
당을 운영하면서 장부상의 매출과 지출이 실제 현금흐름과 정확
히 맞아떨어질 수 있도록 수많은 시행착오를 거치며 실험을 거듭
했다고 했다. 그 결과 지금은 10원 단위까지 데이터 통계를 낼 수
있는 단계까지 도달했다고 한다.

박노진 대표가 말하는 기록이 중요한 이유, 데이터로 알 수 있는
식당 경영의 묘수를 알아보자.

데이터의 원천은 포스 기기에

기록은 글자가 될 수도 있고, 기호가 될 수도 있고, 숫자가 될 수
도 있다. 그중 일반적으로 말하는 데이터는 숫자로 만들어진다.

'오늘 주문이 몇 건이 들어왔지?' '오늘 얼마 팔았지?' '오늘 재료비가 얼마치 들었지?' '뭐가 들어왔지?' 식당 내에서 일어나는 모든 대화와 모든 활동 그리고 모든 운영방식이 숫자로 표현될 수 있다면 어떨까? 우리가 숫자를 통제할 수 있다면, 우리의 모든 경영활동도 통제가 가능할 것이다.

일례로 매출이 30%가량 오르면 통상적으로 수익은 두 배가 된다. 3000만 원 정도의 매출을 올리던 가게가 30% 정도 음식을 더 팔면 수익은 거의 두 배가 된다. 이런 공식도 오랜 시간 가게의 데이터를 분석해야 알 수 있는 것이다.

그렇다면 데이터는 어디에 있을까?

데이터의 원천은 기본적으로 카운터에 있는 포스 기기다. 사장님들은 포스를 데이터를 관리하고 활용하는 가장 기본적인 자료로 써야 한다. 포스에 나와 있는 하루의 매출, 카드 건수, 이런 것들이 우리 식당의 '원시 데이터'다. 이 데이터를 관리하고 가공하고 활용하는 능력이 곧 데이터 관리능력이다. 박노진 대표는 이들 데이터 분석이 매출과 직결될 수 있다고 말한다. 원시 데이터 분석을 통해 식당의 운영 매뉴얼 및 시스템을 만들어가는 것이 곧 대박 식당으로 가는 길이라고 강조한다.

원시 데이터에서 1차적으로 분석해야 할 것은 '손익 프레임'이다. 박노진 대표는 재료비와 인건비의 합이 전체 매출의 55~65%를 넘지 않도록 관리하는 것이 매우 중요하다고 강조한다. 이것이 그가 말하는 손익 프레임이다. 이 정도 수준이 유지되면 순이익은 평균 15~20% 정도가 된다. 1000만 원을 팔면 순이익이 150만~200만 원 정도 된다는 것이고, 5000만 원을 팔면 700만~800만 원, 최대 1000만 원까지 벌 수 있다는 얘기다.

데이터를 보면 언제 어느 고객에 집중할지가 보인다

포스에 나온 데이터를 바탕으로 본격적인 매출분석을 해보자.

가장 먼저 할 일은 우리의 주 고객이 누구인지 정확히 아는 것이다. 목표고객을 명확하게 잡아내고 그들에게 맞춘 포지셔닝을 한다면 이후 모든 활동이 좀 더 분명해지고 수월해진다.

한정식집 마실의 주 고객은 40세의 워킹맘이다. 주로 12~15시에 마실을 이용하고, 평균 1만 2000원 정도를 지출한다. 이에 따라 마실은 40세 워킹맘에 맞춰 '엄마의 마음으로 정성을 듬뿍 담은 메뉴, 자연의 마음을 담아낸 음식'을 포지셔닝 전략으로 삼았다.

배달 또는 24시간 운영하는 식당이 아닌 다음에야 음식장사는 점심 장사, 저녁 장사, 주말 장사밖에 없다. 이 중에서 어디에 집중해야 할까? 이 답 또한 포스 기기에 있었다. 매출 데이터를 꾸준히 보았더니 점심과 저녁과 주말 매출의 비율이 3 : 4 : 4 수준을 유지할 때 매출이 높다는 것을 알 수 있었다.

목표가 정해졌으니 이제 방법을 고민할 차례다. 이 점심, 저녁, 주말 장사를 다 잘할 수 있으면 초대박집이 될 것이다. 그러나 그렇게까지 잘할 수는 없다고 판단한 박 대표는 술 손님이 적은 한정식의 특성을 감안해 점심 장사와 주말 장사에 힘을 쏟기로 결정했다고 한다. 그중에서도 목표고객이 많이 오는 점심 장사에 집중했다.

주 고객이 좀 더 만족할 만한 메뉴를 만들고 그들이 원하는 서비스를 하면 매출은 자연스럽게 오른다. 이 또한 데이터로 나타난다. 3년 전 마실의 객단가는 1만 7000원 수준이었는데 지금은 2만원 이상이다. 한 달에 똑같이 1만 명이 방문하더라도 객단가에서 3000원이 차이나면 3000만 원의 매출이 오른다. 없는 손님을 끌어오는 고민도 필요하지만, 이미 우리 집에 오는 손님의 만족도를 높이면서 더 많은 돈을 쓰게 만드는 전략도 필요하다.

여기에서 대표 메뉴에 대한 전략이 등장한다. 2014년 마실에서 가장 많이 팔린 메뉴는 1만 3000원짜리 '마실정식'이었다. 그런데 이 메뉴는 실속이 없었다. 주문 비중은 38% 정도를 차지했는데, 매출로 보니 32%밖에 공헌하지 못한다는 것이 데이터 분석으로 드러난 것이다. 그래서 2016년에 마실정식의 가격을 2만 원으로 올렸다. 그러면 비싸서 사람들이 덜 시켰을까?

실제로 주문 비율은 32%로 떨어졌다. 그러나 매출공헌도는 여전히 32%로 떨어지지 않았다. 이는 매우 중요한 포인트다. 대표 메뉴의 객단가가 올라가고 그것이 전체 매출의 상당 부분을 차지할 수 있으면, 가게 전체의 수익성이 좋아진다. 원가가 떨어지는 효과가 나타나기 때문이다.

나아가 더 재미있는 것은, 3년가량 점심 장사에만 집중했는데 덩달아 주말에도 장사가 되더라는 것이다. 주중에 마실을 찾았던 워킹맘들이 주말에는 가족단위 손님이 되어 다시 찾는 효과도 있었다. 아울러 자연스레 입소문이 나 상대적으로 공을 덜 들인 저녁에도 장사가 되는 현상이 나타났다.

이처럼 자신의 업을 보면 어디에 집중해야 하는지 판단할 수 있다. 배달업이 중심인지, 배달도 점심에 많이 팔리는 메뉴인지, 저녁에 많이 팔리는지, 주말에 많이 팔리는지 또는 새벽에 많이 팔리는지, 가게마다의 포인트가 있을 것이다. 매출 데이터를 보며 업의 특성에 맞춰서 어떤 부분에 집중할지 고민해보아야 한다.

포스에 나오지 않는 데이터를 파악하는 법

그런데 포스로는 파악할 수 없는 정보도 있다. 손님들은 어떻게 우리 식당을 알고 찾아왔을까? 이런 것은 손님들에게 일일이 여쭤보아야 한다. "어떻게 오셨어요?" 물어보고 이를 '재방문, 인터넷, 지인소개, 기타' 항목으로 나누어보는 노력이 필요하다. 박노진 대표는 이렇게 물어본 결과 재방문율이 약 70% 정도임을 알 수 있었다고 한다.

그가 놀란 지점은 인터넷으로 마실을 알게 됐다는 손님이 16%나 되었다는 것이다. 만약 인터넷 비율이 30%가 되면 재방문 비율이 50%로 떨어질까? 그는 아니라는 결론을 내렸다. 인터넷으로 가게를 알게 된 손님이 많아질수록 재방문이 줄어드는 게 아니라, 오히려 전체 파이가 훨씬 더 커질 것이다. 요즘에는 동네 음식점이라 해도 발품을 팔아서 찾는 게 아니라 휴대폰에서 찾는다. 그것도 배달 앱을 켜기보다는 포털에서 검색한다. 따라서 외식업 홍보라면 인터넷에 집중하고, 그중에서도 네이버 블로그 친화적인 마케팅으로 풀어내야 한다고 강조한다. 물론 배달업이라면 여기에 배달 앱 친화적인 마케팅을 더해야 할 것이다.

어떤 식으로든 신규 유입된 고객은 재방문을 이끌어내야 한다. 그런데 대부분의 사람들이 기억하는 식당은 10곳을 넘지 않는다. 내 머릿속에 없는 식당을 찾아가는 경우는 어떨 때인가? 다른 사람이 내 머릿속에서 지워진 식당으로 약속을 잡거나, 누군가가 추천했거나, 인터넷에 뜨거나, 이 정도다. 그렇지 않으면 90% 이상의 손님들은 자신이 기억하는 10개의 식당 안에서 선택한다.

그렇다면 나머지 식당은 망해야 하지 않을까. 다행인 것은 머릿속 10개 리스트가 고정돼 있지 않다는 것이다. 마음에 드는 식당 하나가 새로 생기면 리스트가 11개로 늘어나는 게 아니라 10등에 있던 식당이 사라진다. 따라서 우리 가게가 손님들이 기억하고 있는 10개 안에 항상 들어갈 수 있도록 자신만의 방법을 고민해야 한다. 이를 위해 박노진 대표는 3가지 조언을 한다.

첫째, 조력자를 찾아라. 분석, 진단, 맛 개발, 스토리, 마케팅 등에 관해 쓴소리를 마다하지 않는 전문가를 찾는 것이다. 돈 없고 뒷배 없는 소상공인이 성공할 수 있는 첫 번째 방법이다.

둘째, 목표를 정하라. 어떤 음식점이 되고 싶은지, 자신의 브랜드 정체성을 정하는 것이다. 당장 정하기 어려우면 그냥 포털 사이트에 우리 가게의 월간 조회수가 몇 건이 되는지, 배달 앱 몇 위에 오르는지 등 단순하고 수치적인 매출목표를 잡아도 좋다.

셋째, 6개월은 지속하라. 장사는 단기간에 반응이 오지 않는다. 매출이 떨어지면 블로그 업체를 불러다 체험단 활동을 시키기도 하는데, 별 효과가 없다. 오늘 손님이 없는 이유는 어제 내가 뭘 잘못해서가 아니라 3개월, 6개월 전에 뭔가를 잘못했기 때문이다. 한 식당에 손님이 재방문하는 주기는 이론적으로 2개월 정도로 잡는다. 우리가 그 집을 다시 안 가게 됐다면, 그건 2개월 전에 그 집에서 좋지 않은 경험을 했기 때문이다.

데이터는 거짓말하지 않는다. 문제는 사람들이 그 데이터를 왜곡한다는 것이다. '잘될 거야, 좋아질 거야' 하며 데이터를 주관적으로 해석한다. 데이터는 지극히 객관적이어야 하고, 객관적일 수밖에 없다. 이것을 인정하고 받아들이면 그때부터 데이터를 기반으로 성공계단을 오를 수 있을 것이다.

4장

왜 소문난곱창집은 맥도날드가 될 수 없나?

내가 좋아하는 것을 잘 팔면 브랜드가 된다

고객에 따라 파는 방식이 어떻게 달라질까?

어떻게 하면 손님들이 우리 컨셉을 척 보고 알 수 있을까

일회성 손님만 모으고 있지는 않나요?

장사는 공부다

작은
가게도
'브랜드'가
될 수 있다

'왜 우리 곱창집은 맥도날드 같은 브랜드가 될 수 없을까?'
그런 고민을 할 때가 제 나이 스물여덟이었어요.
손님들 대부분이 저보다 나이가 많았는데,
단골손님들이 저를 '사장님'이라고
부르는 게 편치 않더라고요.
그래서 "제 이름 김일도로 불러주세요"라고 했죠.
그러다 보니 손님들이
"소문난곱창 가자"고 하는 게 아니라
"일도 씨네 가자"고 말씀하시는 겁니다.
이 매장이 살아남으려면 고객들이 불러주는 대로 나를,
우리를 표현해야겠다고 생각했어요.
가게에 제가 좋아하는 사진,
우리 직원들과 찍은 사진을 붙이기 시작했어요.
그 게시판 이름이 '일도씨패밀리'예요.
일도씨패밀리라는 브랜드가 그렇게 탄생했어요.
손님들이 우리의 브랜드를 만들어준 셈이죠.

장사는
브랜딩이다

일도씨패밀리 김일도 사장

저는 한국과 미국에서 8개의 외식업 브랜드, 15개 매장을 운영하고 있는 김일도입니다. 사람들이 묻습니다. 어떻게 15개나 되는 매장을 관리하느냐고요. 저는 '암행사찰'을 돌아요. 암행어사처럼 매장 문에서 딱 세 발자국만 떨어져서 행인인 척하며 가만히 손님들의 이야기를 듣습니다. "여기 괜찮다", "다음에 또 오자", "별로네", "불친절해" 등, 손님들은 가게 문을 열고 세 걸음 옮긴 후에야 속마음을 말합니다. 1~2시간만 그러고 있으면 오늘 우리 가게가 어떤 평가를 받고 있는지 다 알 수 있어요.

물론 밖에서 손님들 이야기만 듣는 것은 아닙니다. 가게 안의 손님 표정, 서빙하는 직원 표정을 봅니다. 그런 식으로 제가 없더라도 가게가 잘 돌아가는지를 알 수 있어요. 우리 가게가 잘되고 있는지 아닌지, 브랜드에 무슨 문제가 생기지는 않았는지 알고 싶다면 가게 문에서 세 발자국 떨어진 곳에서 체크해보면 됩니다.

브랜드라고 하니 말이 거창한 것 같지만, 실제로 많은 사장님들이 장사하면서 브랜드의 중요성을 절감합니다. 우리 음식점을 손님들이 기억하고 자꾸 찾아와주셔야 장사가 되니까요. 더욱이 외식업 브랜드는 다른 업종과는 확연히 다른 점이 있어요. 바로 '1시간가량 머무르며 경험을 소비'한다는 점이죠. 생각해보면 그런 경우가 많지 않잖아요. 옷이나 신발을 사는 건 잠깐이에요. 일단 구매한 다음 제품을 사용하면서 평가하죠. 음식을 먹는 것처럼 그 자리에서 1시간 정도 온전히 그 브랜드를 즐기는 경우는 드물어요.

아울러 외식업은 '먹는 것'을 다루기 때문에 살면서 반드시 소비할 수밖에 없으니, 그런 점에서는 강점을 보인다고 생각합니다. 매일 먹어야 하는 음식을 우리 식당에서 맛있게 먹고 즐기며 좋은 경험을 하게 해주면 나중에 우리 식당에 다시 찾아오겠죠. 그런 단골손님을 많이 만들어가는 게 외식업의 브랜딩일 테고요.

그런 점에서 외식업에서 가장 중요한 것은 '잘 먹고 가게 하는 것'이라는 본질입니다. 그런 것들이 쌓이다 보면 자연스럽게 브랜드가 될 것이라 생각해요. 외식업은 본질을 지키면, 다른 업종보다 내가 한 만큼의 보상이 확실히 돌아오는 업인 것 같아요.

반면 불리한 점도 있죠. 공장은 가동률만 나오면 제품을 계속 만들어내 여기저기서 다 팔 수 있는데, 음식장사는 그게 안 되잖아요. 우리 외식업 브랜드가 잘나가서 다른 동네에 매장을 추가로 낸다 해도 곧장 잘 팔 수는 없어요. 외식업은 매장 자체가 한 장소에 오래 머물면서 시간을 들여 사람들에게 각인시키고 뿌리를 내려야 하는 업종이에요. 그래서 이른바 '한탕'이 쉽지 않습니다.

왜 소문난곱창집은 맥도날드가 될 수 없나?

저는 서울 송파구에 있는 마천시장에서 뛰어놀면서 자랐어요. 어머니가 마천시장에서 '소문난곱창집'을 하셨거든요. 장사는 해야겠고 애는 봐야 하고, 그러니 시장에 저를 풀어놓을 수밖에 없었죠. 시장통에서 장사하시는 할머니 할아버지 아주머니들을 보며 컸어요. 그런데 초등학교 때, 선생님이 어머니를 찾아오시더니 "장사만 하지 말고 애 공부 좀 똑바로 시키라"고 하시는 거예요. 선생님이라는 존재 앞에서 부모는 무조건 죄인이잖아요. 어머니는 미안해하셨어요. 저에게 "너는 엄마처럼 장사하지 말고 번듯한 데 취직하거나 공무원이 되어라"라고 하셨죠. 하지만 저는 생각이 달랐어요. 선생님 말씀에 반박하고 싶었어요. '내가 장사로 보여줘야겠다'는 꿈이 그때 생겼습니다.

제가 중학교 다닐 때 맥도날드가 생겼어요. 친구들과 맥도날드로 몰려다니면서 저희 어머니의 곱창집과 맥도날드는 뭐가 다른지 비교해봤어요. 일단 소문난곱창집은 마천시장에 하나 있는데 맥도날드는 전 세계에 뻗어 있죠. 그때 외식업 브랜드 개념을 처음 생각했던 것 같아요. 손님들이 "이거 프랜차이즈야?"라고 묻는 말이 "이거 브랜드야?"라는 말처럼 들렸어요. 둘 다 제게는 '이거 유명해?'로 느껴졌어요. 시장에서 자란 제 기준으로 브랜드인지 아닌지를 결정

짓는 질문은 "이거 보세야?", "이거 유명한 거야?"였나 봅니다. "이거 시장 거야?", "이거 기업에서 만든 거야?" 이런 식이죠.

그때 제 머릿속에서 외식업이 브랜드가 되기 위한 필수조건은 규모나 매장 숫자였어요. 맥도날드가 브랜드인 이유가 매장이 많기 때문이라고 단순하게 생각한 거죠. 어머니 가게가 저렇게 전 세계에 깔린다면 어떨까 상상해봤어요. 매장이 10개만 되어도 한 점포당 1000만 원을 번다면 1억 원이잖아요. 이거다, 이거면 검사도 국회의원도 부럽지 않을 것 같다. 그때 제 목표는 단순했어요. 어머니 곱창집을 세계로 진출시키는 것. '전 세계 맥도날드 옆에 소문난곱창집을 내자!'

그렇게 막연한 꿈만 갖고 있었는데, 제가 고3일 때 중국이 막 뜨기 시작했어요. 그때 유행한 농담 아닌 농담이 '중국사람에게 1원씩만 팔아도 15억 원이다'였어요. 솔깃한 말 아닌가요? 어머니는 여전히 대학은 나와야 한다고 하시니 아예 대학을 중국으로 가기로 결심했죠. 대학 4년 동안 준비해서 중국에서 프랜차이즈를 하겠다는 거창한 포부를 안고 떠났습니다.

중국에서 대학을 다니면서 실제로 사업을 벌여봤어요. 유통업과 관광업을 했는데 하나는 성공했고 하나는 망했어요. 두 달 준비해서 시작한 유통업은 한 달 만에 1000만~2000만 원 정도 벌었는데, 정작 사업자를 내고 정식으로 시작한 관광업은 망한 거예요. 홈페이지에서 한국인 유학생이 중국의 진짜 뒷골목을 소개하고 투어

하는 컨셉이었는데, 시기상조였던 것 같아요. 게다가 투어를 이끌어야 할 유학생들이 장소에 나오지 않기 일쑤였어요. 다들 집에서 돈이 오니까 아쉽지 않았던 거죠. 그때 느꼈던 게, 제가 이 친구들을 다룰 리더십이 없다는 거였어요. 사람 다루는 어려움을 절감했던 경험이었습니다.

번 돈을 싹 날리긴 했지만, 젊어서 한 고생이니 얻은 게 많았죠. 그 와중에 중국에서 식당하시는 분들을 유심히 살펴봤어요. 대부분 실패하더라고요. 왜 실패했을까요? 음식 솜씨가 없어서는 아닌 것 같았어요. 제가 생각한 이유는 브랜드가 없기 때문이었어요. 별 고민 없이 본인에게 한국 음식이 익숙하니까 한국 식당을 차린 거죠. 가게 이름도 특색이 없었고요. 그 안에 자신들의 이야기가 없었어요. 제가 보기에 그건 맥도날드 같은 브랜드가 아니었어요. '아, 브랜드에도 역사와 이야기가 필요하구나.' 중국에서 프랜차이즈를 차리려면 한국에서 먼저 브랜드를 만들어야겠다는 생각을 그때 했어요. 어설픈 브랜드를 가져오면 실패할 테니 한국에서 제대로 브랜딩을 한 다음 세계로 퍼뜨려야겠다고 생각한 거죠. 그 실험을 어머니 식당에서 시작한 거고요.

2007년에 중국에서 대학교를 졸업하고 바로 어머니의 가게로 들어갔어요. 3년 동안 일하면서 계속 부딪혔습니다. 동네 시장에 있는 곱창집이 프랜차이즈가 되려면 바뀌어야 할 것들이 한두 가지가 아니에요. 가장 먼저 눈에 들어온 게 조직구조였어요. 어머니 가게는 직급체계도 없이 어머니와 이모들만 계셨어요. 매니저도 필요해 보이고 주임도 있어야 할 것 같고, 무엇보다 역할 분담이 되어야 한다고 생각했죠. 제가 배운 게 그런 거니까요.

홍보도 제대로 해보고 싶었어요. 이 노포(老鋪)가 유명해져야 하는데, 그러려면 돈을 쓰거나 발품을 팔아야 하잖아요. 하지만 어머니는 보수적이었어요. 이만큼 투자하면 더 큰돈을 벌 수 있다는 걸 끝내 설득시키지 못했습니다. 20년 넘게 잘해왔는데 구태여 바꾸고 싶어 하지 않으셨어요. 지금 이대로가 좋다고 하셨어요.

그래서 내 방식대로 한번 해보자고 결심하고 2010년 4월 1일에 소문난곱창집 미아점을 오픈했습니다. 제가 요리를 전공한 것도 아니고 당시에는 메뉴를 개발할 능력이 없어서 곱창을 했어요. 곱창은 그래도 좀 아는 것 같았거든요.

내가 좋아하는 것을 잘 팔면 브랜드가 된다

오픈 첫날은 지금도 기억나요. 오전 11시에 문을 열었는데 하루종일 손님이 한 팀도 없었거든요. 새벽 5시에 문 닫을 때쯤 겨우 한 팀 받았어요. 그다음에도 하루 18시간 동안 손님은 한두 팀 정도였어요. 온종일 말 한마디를 못 해서 입에서 군내가 날 것같이 외로

운 상황에서 손님이 오면 그렇게 반가울 수가 없어요. 제가 할 수 있는 모든 것을 총동원해서 반가움을 표현했죠. 하루에 손님이 두 팀이라면 한 팀은 그날 매출의 50%잖아요. 제 모든 걸 바쳐서 잘 해드리고 싶었어요.

그러던 어느 날 손님이 "여기 야채곱창 말고 구이막창은 없어요?"라고 하셨어요. 곱창과 막창은 아예 재료부터 다르거든요. 그래서 곧이곧대로 없다고 했더니 그대로 나가셨어요. 메뉴가 없어서 가게를 나가는 손님들을 보며 생각했죠.

'하루 두 팀이 들어오는데, 그중 한 팀이 나가면 내 손님의 절반을 놓치는 것이다.'

그날 손님은 놓쳤지만 저희 매장에 오신 손님들을 다시는 놓치고 싶지 않았어요. 그래서 그다음부터는 손님이 요청하신 메뉴는 무조건 해드렸어요. 어떻게든 당장 재료를 구해다 만들어드렸죠.

그런데 다음에는 또 다른 손님이 소곱창은 없냐고 물으셨어요. 저희는 돼지곱창집인데 말이죠. 그래도 소곱창을 얼른 만들어냈어요. 그랬더니 또 어떤 손님은 전골을 해달라는 거예요. 그때 읽던 책에서 인상적이었던 글이 "무조건 손님이 옳다"였어요. 손님이 원하는 건 다 해드려야 한다고 생각해서 막창, 양념막창, 소곱창, 소곱창전골까지 늘어나더니 급기야 닭갈비까지 만들어냈어요. 한 팀이라도 더 받고 싶었거든요. 그때 메뉴 개발을 엄청나게 하면서 배우기는 많이 배웠죠.

그렇게 몇 달을 하다 보니 만석은 되더라고요. 줄 서서 기다리는 손님도 생겼고요. 그런데 계산해보니 영업이익률이 최악이었어요. 중구난방으로 메뉴가 늘어나면서 식자재 관리도 어려워졌고 메뉴마다 조리법이 다 달라서 효율도 떨어졌어요. 주방과 홀 모두 일손이 더 필요해져서 인건비도 늘어났고요. 식자재 값 늘고 인건비 늘고 자리도 잘못 잡아서 임대료는 비싸고… 아, 이건 아니다, 최악이라는 생각이 들었습니다.

사실 지금 생각해보면 첫 매장을 열면서 잘못했던 점이 한두 가지가 아니에요. 입지선정부터 패착이었어요. 유동인구는 엄청나게 많은데 정작 제 가게는 사람이 별로 다니지 않는 곳이었어요. 프랜차이즈를 염두에 두고 시작한 건데 내 가게 영업이 안 되니 가맹사업은 물 건너갔고, 당장 제 살 길이 급해졌죠. 막막했어요. 직원들에게는 "지금은 힘들지만 나중에는 잘될 거야"라고 큰소리도 많이 쳤는데, 영리한 친구들은 다 떠나더라고요. 남은 친구들은 바보 같은 사람들이잖아요. 제 말을 믿은 거니까. 그런데 한편으로는 나를 믿은 게 잘한 결정이라는 걸 보여주고 싶었어요. 가게가 만석이 되고 대기 줄이 긴데도 남는 게 없다면 이 가게를 접어야 한다는 거잖아요. 하지만 그건 너무 자존심 상하고 직원들에게도 못할 짓이죠.

그래서 제가 내린 결정은 다른 가게를 하나 더 여는 것이었습니다. "이 가게는 너희가 지켜라, 내가 새 가게에서 성공해올게." 그래서 2011년에 연 가게가 신사동에 있는 '일도씨곱창'입니다.

새 가게를 열면서 소문난곱창집의 실패에서 얻은 교훈을 하나하나 적용했어요. 일단 임대료가 싸야 했죠. 당시 가로수길은 아직 뜨지 않았던 데다 대로변에서 두 블록 뒤로 들어간 곳이라 임대료가 미아점보다도 쌌어요. 물론 유동인구는 많지 않았지만요.

메뉴도 손봐야 했죠. 과거의 저처럼 고객이 원하는 걸 다 해주는 걸 '마켓인 전략'이라 해요. 이건 규모가 큰 기업에서나 가능한 것 같아요. 각각의 아이템을 개발하고 홍보할 때마다 투자가 큰데 그걸 감당하기가 쉽지 않아요. 작은 매장에서는 고객이 원하는 걸 다 해줄 수 없어요. 수익성을 낼 수도 없을뿐더러 그렇게 해서는 하나의 이미지를 주는 브랜드로 성공하지도 못해요.

첫 번째 매장은 고객맞춤을 하다가 쓴맛을 봤으니, 이번에는 반대로 내가 하고 싶은 것, 내가 좋아하는 것들을 풀어보자는 생각이 들었어요. 이런 걸 '프로덕트아웃 전략'이라 합니다. 고객이 원하는 게 아니라 내가 좋아하는 것, 내가 하고 싶은 것들을 풀어놓고 나와 비슷한 사람들이 와서 같이 즐기는 거예요. 저는 그 사람들에게 제 공간과 음식을 제공하는 거죠. 사람들은 그걸 즐기고 돈을 내고 갑니다. 예술가들의 전시회와 비슷하지 않나요? 관람객이 와서 화가에게 "피카소처럼 그려주세요"라고 하지는 않을 거예요. 작가는 자기 작품을 만들고, 사람들은 그걸 보고 사는 겁니다. 저는 이게 가장 이상적인 방식이라고 생각합니다. 나중에 잘되면 프랜차이즈도 가능하고요.

또 한 가지 정비한 것이 바로 브랜드예요.

왜 소문난곱창집은 맥도날드가 될 수 없을까…. 브랜드는 명확한 브랜드 네임을 정하는 것에서부터 출발해요. 그런데 '소문난곱창'은 아무리 봐도 브랜드답지 않았어요. 일단 그 이름으로는 상표 등록도 되지 않아요. '소문난'은 이미 여기저기서 많이 사용하는 상호여서 왠지 들어본 것 같은 이름이잖아요.

그런 고민을 할 때가 제 나이 스물여덟이었어요. 손님들 대부분이 저보다 나이가 많았는데, 단골손님들이 저를 '사장님'이라고 부르는 게 편치 않더라고요. 사장님 호칭이 익숙한 나이는 아니니까요. 그래서 "제 이름 김일도로 불러주세요"라고 했죠. 그러다 보니 손님들이 "소문난곱창 가자"고 하는 게 아니라 "일도 씨네 가자"고 말씀하시는 겁니다. 가게에 와서 "일도 씨 없어요?"라고 묻고요. 이 매장이 살아남으려면 고객들이 불러주는 대로 나를, 우리를 표현해야겠다고 생각했어요. 가게에 제가 좋아하는 사진, 우리 직원들과 찍은 사진을 붙이기 시작했어요. 그 게시판 이름이 '일도씨패밀리'예요. 일도씨패밀리라는 브랜드가 그렇게 탄생했어요. 손님들이 우리의 브랜드를 만들어준 셈이죠.

이렇게 준비를 많이 하고 오픈했는데, 제가 생각 못한 문제가 또 생겼어요. 점심 장사가 안 되는 겁니다. 점심에 곱창 먹는 사람은 별로 없잖아요. 어떻게든 더 팔고 싶은데 메뉴에서 한계가 오니까 힘들더라고요. 부랴부랴 점심 메뉴를 개발하는데 문득 소문난곱창집에서 닭갈비 팔던 생각이 났어요. 점심에 닭갈비를 만들어서 직원들과 먹다가 "이거 점심에 팔아도 될 것 같은데?" 하고 의견이 모여서 본격적으로 팔기 시작했어요. 원가 개념도 없을 때라 6000원에 팔았더니 사람들이 줄 서고 난리가 났죠. 곱창집인데 닭갈비가 더 유명해진 거예요. 이대로는 애매해서 안 되겠다 싶어서 2013년 방배동에 닭갈비집을 따로 냈어요.

사람들 가슴속에 내 브랜드를 새겨가는 것

방배동 매장을 차릴 때에는 인테리어와 디자인에도 각별히 신경썼어요. 프랜차이즈 사업이 되려면 이 매장만의 그럴듯한 정체성이 있어야 다른 가맹점에도 그대로 적용할 수 있으니까요. 그전까지 소문난곱창이나 일도씨곱창은 컬러나 인테리어 등에서 매뉴얼화할 수 있는 내용이 없었어요. 메뉴판도 별반 없었고요.

우선 로고부터 손봤습니다. 그전까지는 제 얼굴 캐리커처를 간판에 넣었어요. 간판집 사장님을 일주일 동안 들들 볶아서 만들었죠. 그런데 방배동 매장에서는 캐리커처를 빼야겠다는 생각이 들었어요. 얼굴이 있으니 브랜드의 범위가 개인으로 축소되는 것 같았거든요. 그 대신 온도를 의미하는 '1℃'를 넣고, 돈을 주고 캘리그라피로 썼어요. 이걸 보고 누군가는 "여기 사장님 이름이 일도씨야"라고 하고 누군가는 "아니야, 온도 1℃야"라고 하면서 자기만의 추측을 하면 재미있잖아요. 우리 몸의 온도를 1℃만 올려주어도 건강해진다는 이야기도 있고, 물의 임계점에 대한 이야기도 있고요. 99℃에서는 물이 끓지 않다가 100℃에서 끓는다는 이야기 말이죠. 손님들끼리 이런 이야기를 하는 게 흥미로웠습니다. 이런 것들이 쌓여 우리 브랜드 스토리가 된다고 생각해요.

로고 이야기가 나온 김에 좀 더 말씀드리자면, 간판 디자인을 의뢰할 때 많은 사장님들이 그냥 예쁘게 만들어달라고 해요. 하지만 디자인은 우리 브랜드와 다른 브랜드를 시각적으로 구별하는 중요한 요소이므로 '그냥 예쁘게' 정도로 부탁하면 안 돼요.

우리 브랜드가 어떤 이미지인지에 따라 폰트 디자인도 달라져요. 획이 거친 붓글씨체, 모던한 느낌을 주는 고딕체, 고전적인 느낌을 주는 글씨체 등 구체적으로 요청해야 해요. 그러려면 자신이 뭘 좋아하는지 알아야 하겠죠. 디자인이든 메뉴 선정이든 우리의 브랜드 정체성을 고려하지 않고 요즘 이게 뜬다니까 무작정 따라 하는 걸 경계해야 해요. '요새 뜨는 게 뭐지?' 하고 밖을 보더라도 내가 가지고 있는 것, 내가 지켜야 하는 것, 내가 가야 할 방향이 뭔지부터 바로 세우는 게 우선이에요. 그 주관이 없으면 귀가 얇아져서 쉽게 흔들려요.

물론 유행 따라 창업해서 성공할 수도 있죠. 하지만 여기에도 '우리 브랜드만의 그 무엇'이 있어야 해요. 요즘 곰탕이 뜬다고 하면 우리는 맑은 곰탕을 끓일지 진한 육수맛을 낼지, 쌀국수의 경우

수많은 쌀국수집 가운데 우리 쌀국수는 무엇이 맛있는지가 확실해야 "여기는 뭔가 달라" 하는 지점이 생겨요. 브랜드는 자기 정체성을 얼마나 뚜렷하게 드러내는지가 중요합니다. 제가 김일도라는 이름 아래 어떻게 살아가는지가 제 브랜드에 고스란히 나타나야 하고, 나타날 수밖에 없습니다.

이제 가게를 차려서 브랜드를 만들어가고 있는 시점이라면 스스로를 점검할 수 있는 좋은 질문이 있어요.

'이걸 왜 만들었는데?'

누가 이렇게 물으면 뭐라고 답할지 사실 막막하죠. 이 질문에 자연스럽게 대답할 수 있게 되면 그 브랜드는 명분이 생긴 거라고 봐

도 되지 않을까요? 이 브랜드를 왜 만들었는지, 우리 브랜드의 스토리가 어떻게 시작됐는지가 그래서 중요해요.

일전에 인터뷰 도중 '브랜딩이 무엇인가?'라는 질문을 받고 생각한 게 있는데요. '사람들 가슴속에 내 브랜드를 새겨가는 과정'이라는 생각이 들었어요. 가수 스티비 원더 아시죠. 그의 노래 중에 〈Isn't she lovely〉라는 곡이 있어요. 예전에는 그 노래를 들으면 방송인 정형돈 씨가 생각났어요. 그가 눈을 치뜨고 장난스럽게 춤추던 장면만 떠올라서 별다른 감흥이 없었죠. 그런데 제 친구가 자신이 좋아하는 노래라며 스토리를 이야기해주었어요. 스티비 원더가 시각장애인인데 그에게 딸이 태어났대요. 예쁜 딸이 태어났으니 얼마나 보고 싶었겠어요. 그래서 눈 수술을 시도했답니다. 성공 가능성이 희박했는데도 말이죠. 결국 그는 눈을 뜨지 못했어요. 딸을 보지 못한 채 노래를 썼는데 그 곡이 바로 〈Isn't she lovely(그녀는 참 사랑스럽지 않아?)〉예요. 어떠신가요? 이 이야기를 듣기 전과 후에 그 노래에 대한 생각이 180도 달라졌어요. 전에는 제목 뜻도 생각해보지 않고 흘려넘겼는데 노래 가사를 찾아보게 되더군요. 가사를 보는데 갑자기 눈물이 왈칵 났어요.

브랜딩이란 이런 것 아닐까요? 멋모르고 들었을 때는 몰랐는데 한번 내 가슴에 새겨지니까 계속 듣게 되고 좋아하게 되고 가장 소중한 노래가 되는 것. 나에게 어떤 요소 하나가 새겨지는 거잖아요. 우리 가게도 그렇게 되어야죠. 사람들에게 어떠한 기억을 심어주고 인상을 남겨서 그들 마음에 새겨져야죠.

이 때문에 브랜드를 육성할 때에는 뚝심이 필요해요. 조급해하면 안 됩니다. 브랜드를 만들어가는 과정은 유기체적인 걸로 봐야 할 것 같아요. 한 아이가 태어나고 자라서 자아를 찾아가는 과정과 비슷하죠. 장사를 시작하자마자 손님이 물밀듯이 밀려와서 밖에까지 줄을 서는 가게와 손님이 한 명도 없는 가게가 있어요. 둘 중 실패할 가능성이 큰 가게는 어디일까요? 저는 첫 번째 가게라고 생각해요. 가게 시스템이 제대로 잡히지 않은 상태에서 손님이 몰리면 음식이 늦어질 수밖에 없어요. 손님은 화가 나고, 설상가상으로 맛까지 들쭉날쭉하면 한 번 실망한 손님은 다시는 그 가게에 안 가겠죠.

반면 손님이 한 명도 없는 가게는 그 한 명이 절박해요. 목숨 걸고 할 수밖에 없고, 손님의 목소리에 귀 기울일 수밖에 없습니다. 그렇게 차츰 체계를 잡아나가고 손님을 만족시키면 그 손님은 단골손님이 돼요.

누구나 빨리 자리 잡고 싶어 하지만 그럴수록 뚝심 있게 자신을 지키면서 나아가는 게 중요해요. 이렇게 장담하는 이유는, 제가 중심이 흔들렸을 때 실패했고 뚝심 있게 나아갔을 때 성공했기 때문입니다. 본질에 더 집중해야 해요. 외식업의 본질은 손님들이 '잘 먹고 가게 하는 것'이고, 이게 충족되지도 않은 상태에서 그 외의 것에 한눈팔면 한계에 부딪히게 됩니다.

고객에 따라 파는 방식이
어떻게 달라질까?

손님이 들어온다.
음식을 내준다.
돈을 받는다.
돈을 번다.

외식업은 이 4가지가 전부예요. 손님이 '잘' 들어오도록 좋은 자리와 인테리어를 만들어야 하고, 손님이 '잘' 먹고 가도록 좋은 음식, 맛있는 음식을 내야 해요. 지금까지 제가 장사를 시작하고 좌충우돌하면서 브랜드에 대해 생각한 것들을 개괄적으로 말씀드렸다면 이제는 좀 더 구체적으로 짚어보려고 해요. 먼저 어떤 손님에게 팔지에 대해 이야기해보겠습니다.

누구에게 팔 것인지는 입지에 크게 좌우됩니다. 지역, 상권별로 주요 고객층이 다 달라요. 예를 들어 목동은 오피스가 많아 직장인 중심이고 문정동은 가족 단위 고객이 많아요. 방배동은 지역 주민과 직장인, 대학생이 섞여 있고, 미아동은 유동인구가 많은 술 상권이에요. 누구에게 팔 것인지를 생각하면 그들에게 맞춰 전략을 짤 수 있습니다. 곱창집에서 닭갈비가 더 많이 팔렸던 덕분(?)에 닭갈비집을 열고 이듬해 일도씨찜닭도 론칭했는데, 해보니 닭이라는 재료만 같을 뿐 상권에 따라 음식도, 핵심고객층도 전혀 다르더군요. 당연히 전략도 달라져야죠.

주거지역이라면 노키즈존이 아닌 웰컴키즈존!

일전에 누나, 조카와 함께 분당의 어느 음식점에 갔다가 낭패를 당한 적이 있습니다. 조카가 자고 있었는데도 "노키즈존(No Kids Zone)이니 못 들어온다"고 내쫓겼어요. 아무 일 없게 조용히 먹고 가겠다고 해도 안 되더라고요. 아이가 그곳에서는 애물단지처럼 취급되었어요. 작지 않은 상처를 받았습니다. 아이는 그런 취급을 받을 존재가 아니잖아요. 그때 노키즈존이라는 개념을 처음 알았습니다. '맘충'이라는 신조어도 알게 됐고요. 그 단어도 충격적이었습니다. 그래서 세상에 제 나름의 메시지를 주고 싶었어요.

문정동은 별다른 이슈나 이벤트가 없고 가족 단위 고객이 많은 지역입니다. 이곳에 일도씨닭갈비를 열면서 시도한 컨셉이 '웰컴키즈존(Welcome Kids Zone)'이에요. 노키즈존에 반대되는 개념이죠. 아이들은 '노키즈' 취급당할 존재가 아니다, 아이는 그 자체만으로 귀하다는 뜻으로 매장 한가운데에 웰컴키즈존을 만들었습니다. 한 테이블만 빼고 가게의 모든 테이블에서 아이들이 노는 모습을 볼 수 있어요. 키즈존에는 공기청정기와 항균장치가 있고, 놀이 공간의 쾌적함을 위해 매일 3번씩 항균 청소를 하며 관리하고 있습니다.

키즈존이 가운데에 있으면 테이블을 그만큼 못 놓으니 수익이 줄어드는 것은 당연합니다. 무모한 시도죠. 하지만 더 중요한 것은 아이와 그 아이가 안전하게 놀고 있는지 지켜보는 가족이라고 생각했습니다. 아이들이 노는 걸 구경하면서 미소 지을 수 있는 식당이 많지 않잖아요. 아이들도 자기만의 공간이 있으면 좋아하고요.

초반에는 '맘충'을 욕하는 커뮤니티와 많이 싸웠어요. 한때 기저귀를 식당에 버리고 오는 엄마들 때문에 시끄러웠는데, 저는 "기저귀 저희 주세요. 저희가 버릴게요. 청소는 저희가 하면 됩니다"라고 했거든요. 그러는 바람에 욕을 많이 먹었습니다. 그런 커뮤니티가 마녀사냥 할 때는 무섭게 몰아붙이더군요. 그래도 제가 옳다고 믿는 건 지켜나가야 한다고 생각해요.

그 밖에도 아이를 둔 가족의 눈높이에 맞춰 매장 인테리어와 반찬 등을 차별화했어요. 닭갈비집은 어디를 가나 대개 비슷한데, 저희는 미국에 있을 법한 캐주얼한 레스토랑을 컨셉으로 잡았어요. 닭갈비 먹을 때 보통 쌈이나 된장 놓는 게 공식처럼 돼 있잖아요. 이걸 다 빼고 피클, 코울슬로, 단호박 수프를 제공해 레스토랑다운 요소를 넣었어요. 접시도 뷔페에서 쓰는 것 같은 큰 접시를 쓰고요. 밖에서 실내 안쪽까지 다 보일 정도로 조명에도 신경 썼어요. 밖에서 볼 때 따뜻하고 온화한 느낌이 들도록, 그래서 들어가보고 싶도록이요. 손님들이 "여기는 무슨 레스토랑 같다"고 말하는 게 좋았

◀매장 한가운데 키즈존을 만들었다. 테이블은 줄었지만, 더 중요한 것은 아이와 그 아이가 안전하게 놀고 있는지 지켜보는 가족이다.

어요. 이럴 때 제가 브랜드를 제대로 만들었다는 생각이 들어요.

커플에게는 센스와 '작은 사치'를

일도씨찜닭 잠실점은 타깃이나 분위기가 일도씨닭갈비와 전혀 달라요. 제가 생각한 타깃은 딱 두 부류예요. 첫 번째는 데이트하는 커플이에요. 분위기 좋고 음식도 적당히 괜찮고 가격도 부담스럽지 않아서 나중에 친구들과도 한 번 더 오고 싶은 곳, 이게 제가 생각한 그림이에요. 두 번째로 생각한 타깃은 지역의 주부들 모임이에요. 오전 집안일을 끝내고 '나를 위한 작은 사치'를 누리고 싶을 때 생각나는 곳, 가격저항선을 넘지 않는 선에서 그들에게 뿌듯한 만족감을 주고 싶었습니다.

가격저항선은 생각보다 복잡한 문제인데요. 한식은 언제나 양식보다 저평가 받습니다. 국수와 파스타를 비교하면 원가는 국수가 더 비싼데 국숫값은 5000원, 파스타는 1만 5000원에서 왔다 갔다 해요. 원가는 한식이 더 높은데 양식이 더 비싸게 팔리는 게 싫었어요. 한식을 하는 사람으로서 풀어야 할 숙제이기도 하죠. 그걸 찜닭으로 승부해보고 싶었습니다. 프랑스에 코코뱅(Coq au Vin)이라는 음식이 있어요. 닭고기를 와인에 졸여 만든 건데, 닭다리 하나만 나와도 3만 원 정도를 받는데 찜닭은 한 마리를 다 넣어도 3만 원이 안 되거든요. 이게 부조리해 보여서 찜닭에 프랑스 느낌을 입혀서 이 문제를 풀어보겠다고 생각했어요. 매장부터 이곳을 프랑스라고 여기도록 꾸몄죠. 프랑스에서 벽지를 공수해왔고, 인테리어 소품들도 가장 프랑스적인 것들에서 모티브를 얻은 것들로 채웠어요.

손님들에게는 식전에 먹는 전채요리 아뮤즈부쉬(Amuse Bouche)를 제공했어요. 레스토랑 다니면서 아뮤즈부쉬를 처음 봤을 때 아기자기하고 예쁘다고 생각했는데, 대중음식을 소비하는 층에서는 그런 데 갈 일이 없잖아요. 그래서 이런 걸 느껴보라고 선물해주고 싶었어요. 손님에게 '작은 사치스러움'을 느끼게 하는 거죠.

나중에 일도씨찜닭은 타이페이에, 뒤이어 LA에도 지점을 냈어요. 이를 제외하고는 대부분 단일 매장으로만 했습니다. 사업을 하

면서 초창기의 생각이 바뀐 거죠. 브랜드라면 규모가 있고 매장이 많아야 한다는 생각에서 단 하나의 매장도 충분히 브랜드가 될 수가 있다는 생각으로 바뀌었어요. 더 큰 브랜드, 유명한 브랜드를 지향하기보다는 '더 나은 브랜드'를 만들자는 생각이 들어요.

어떻게 하면 손님들이 우리 컨셉을 척 보고 알 수 있을까?

브랜드에는 컨셉이 있어요. 고객에게 우리 브랜드를 어떻게 보이게 할 것인가, 여기서 '어떻게'가 바로 컨셉이죠. 같은 불고기라 하더라도 전혀 다른 분위기의 브랜드가 될 수 있어요. '일도씨뚝불'과 '일도불백'을 비교해서 말씀드려 보겠습니다. 뚝불은 불고기를 전골식으로 한 것이고 불백은 불고기 직화구이를 한 거예요. 둘 다 한국인이 좋아하는 메뉴죠.

보약 같은 음식을 한약방 컨셉에 담다

저는 국물이 있는 뚝불을 좋아해요. 그런데 시중에 파는 뚝불은 대부분 조미료 국물에 미국산 소고기를 넣어 끓여주더라고요. 아무래도 원가 때문이겠죠. 저는 이 두 가지를 깨보고 싶었어요. 다들 미국산 소고기 쓸 때 우리는 한우를, 그것도 투 플러스를 써보

자. 육수는 화학조미료를 넣지 말고 양파, 마늘, 생강, 대파 등 질 좋은 재료만 넣어서 몸에 좋은 보약처럼 만들어보자. 가능한 한 유기농이나 친환경인증을 받은 식자재를 농장에서 직접 받아서 쓰자. 저급재료를 쓰지 말고 제대로 뚝불을 만들어보자는 욕심이 생겼어요. 몸에 좋은 재료로 육수를 우려서 좋은 고기와 함께 먹는 장면을 머릿속에 그려본 거죠. 그걸 일도씨뚝불의 브랜드 정체성이라고 정의했어요.

자기만의 외식업 브랜드 정체성을 잘 표현하고 싶다면, 손님의 동선에 따라 가게 외관에서부터 우리 가게로 들어와서 어떤 식기를 사용하고, 어떤 재료로 만든 어떤 음식을 경험하게 할 것인지, 손님에게 계속해서 일관된 메시지를 주고 있는지를 점검해봐야 해요.

일도씨뚝불에서는 우리의 브랜드 정체성을 손님들도 척 보고 이해하고 들어오게끔 '약방' 이미지를 차용했어요. 몸에 좋은 재료를 넣어 만들었으니 '음식 자체가 보약이다'라는 개념으로 디자인을 풀어본 거예요. 그래서 가게 외관에 약 항아리를 두었고, 로고도 뚝배기에 약봉지를 담은 것처럼 했어요. 선 굵은 글씨에 고집스러움이 드러나게 했고요. 음식 담는 그릇도 약재니까 신선로를 써볼까 싶어서 연구했는데 그건 안 되겠더라고요. 쇠 비린내가 나서 음식 맛이 달라졌거든요.

▲몸에 좋은 재료로 만드는 일도씨뚝불의 브랜드 정체성을 한눈에 이해할 수 있도록 '약방' 이미지를 차용했다.

대신 뚝배기에 아이스크림을 담았어요. 재미있지 않나요? 사람들은 예상치 못했던 뜻밖의 일, 고정관념을 깨는 것들에 놀라고 반응해요. 뚝배기는 보통 무언가를 끓이는 데 쓰잖아요. 뚝배기는 내용물의 열을 오래 지속하는 데 탁월하죠. 보온뿐 아니라 보냉에도 안성맞춤이에요. 그래서 냉장고에 넣어둔 차가운 뚝배기에 아이스크림을 넣고 모주를 살짝 부어 디저트로 냈어요. 모주는 무알코올이라 어린이도 먹을 수 있어요. 아이스크림은 처음에는 하겐다즈를 썼다가, 일도씨뚝불이라는 브랜드에 더 잘 맞는 것은 뭘까 연구하는 과정에서 엿가루를 넣은 아이스크림으로 제조했어요.

이렇게까지 공을 들였으니 대박이 나면 더 좋을 텐데, 아직은 계속 만들어가는 중이에요. 좋은 식자재로 제대로 만든 음식을 어필하고 싶었는데 쉽지 않더라고요. 좀 더 싼 식자재로 하면 더 나을 텐데 왜 이렇게까지 하느냐고 묻는 분들도 계시는데, 제 마음을 한마디로 표현하면 언제나 "My pleasure"예요. 손님께 좋은 식자재로 만든 좋은 음식을 드리는 게 제 기쁨이고 행복이에요. 이런 마음이 서비스업을 하는 사람들이 가져야 할 태도가 아닌가 하는 생각도 들어요. 기쁜 마음에 기꺼이 하는 거죠.

일도불백은 마천시장에 있습니다. 제가 꼬맹이 때부터 뛰어놀던 곳이라 나물 팔던 할머니들의 쭈글쭈글한 손, 주름살이 기억에 생생해요. 옛날에 이곳 시장 사람들이 먹던 새참에서 불백의 모티브를 얻었어요.

재래시장에는 재래시장만의 분위기가 있죠. 그 분위기를 살려서 1970~80년대 복고풍으로 연출했어요. 열심히 고민해서 컨셉을 만든 게 아니라 내 안에 있는 걸 그냥 끄집어내기만 한 거죠. 이 가게의 모든 것은 어린 시절에 제가 좋아했던, 혹은 제 기억 속에 있던 것들을 녹여낸 겁니다.

원래 이곳은 화장품 가게가 있던 자리예요. 대개 시장에서는 인테리어 공사할 때 기존 자재들을 함부로 뜯어내지 않고 도배만 새로 하는 게 관행이에요. 오래된 건물은 안에서 뭐가 나올지 모르거든요. 그런데 전 다 뜯어냈어요. 오래된 건물이니 저절로 옛날 느낌이 나지 않겠어요? 가게 바닥의 오래된 느낌은 지금은 돈 주고도 만들어내기 힘들어요. 이 세월을, 시간을 그대로 보여주고 싶었어요.

음식도 제 기억 속 새참을 그대로 되살려낸 겁니다. 직화구이 설비는 가게 전면으로 뺐어요. 효율을 따지자면 가게 안에 넣는 게 맞지만 시장이니까 보여주는(showing) 게 중요하죠. 불길이 확 치솟으면 눈길도 가고 냄새도 나니까 시각과 후각으로 발길을 잡아끌게 하는 거예요.

시장 하면 연상되는 게 또 뭐가 있을까요? 시장에서 파는 것, 시장에서 볼 수 있는 것. 저는 양철로 된 꽃쟁반이 생각나더라고요. 다들 아시죠? 그 꽃쟁반으로 테이블을 만들고 주류 박스로 의자를

▲재래시장에는 재래시장만의 분위기가 있다. 그 분위기를 살려 복고풍으로 매장을 연출했다. 고민해서 컨셉을 만드는 대신 나의 추억을 자연스레 녹여냈다.

만들었어요. 옛날 시장에선 다들 그렇게 했거든요. 소주나 맥주 박스로 하고 싶었는데 높이가 불편해서 백화수복 박스로 했어요. 벽에 걸린 광주리도 포인트예요. 옛날 식당에 으레 걸려 있던 발도 풍물시장에서 찾아서 달았어요. 그 옛날 우리 주변에서 흔히 볼 수 있었던 것들, 그 추억을 꺼내놓은 겁니다.

공간을 완성하는 건 그 공간을 채우는 음악이라고 생각해요. 공간이 복고풍이니 음악도 1980~90년대 음악으로 선곡해서 깔았죠. 여기에 오면 딱 그 시대 감성을 느낄 수 있어요. 일하는 분들도 처음에는 젊은 분들이었는데 지금은 이 동네 아주머니들이 일하고 계세요. 유니폼도 깔끔하게 했다가 여기 분위기에 어울리지 않는 것 같아서 그냥 이모님들 편한 앞치마 입으시라고 했고요.

앞에서 프로덕트아웃 전략을 말씀드렸죠. 손님이 잘 들어오게 하려면 브랜드 컨셉을 확실히 정하고 그 컨셉을 좋아하는 분들이 오게 하면 돼요. 초기에 호되게 시행착오를 겪은 후에는 이 원칙을 꼭 지키려고 노력하고 있습니다.

물론 아무 컨셉이나 되는 건 아니죠. 컨셉에 대중성이 있는지를 반드시 점검해봐야 합니다. 제 가게들은 제 기준에서 제가 좋아하는 대로 만든 곳이라 여기 온 손님들도 아마 저와 비슷한 성향일 겁니다. 그런데 그 성향이 극소수만 좋아할 만한 것이라면, 극소수를 위한 장사를 하는 셈이에요. 저는 제 감(感)을 계속 대중에 맞추려고 노력하고 있어요. 물론 포기하지 않아야 할 부분도 있지만요. 좋은 식자재, 맛있는 음식에 대해서는 타협해서는 안 된다고 생각해요.

일회성 손님만 모으고 있지는 않나요?

손님이 잘 들어오게 했으면 이제 손님이 잘 먹고 가시게 해야 합니다. 좋은 음식, 맛있는 음식을 준비해야 해요. 이건 외식업의 본질이고 존재 이유예요. 너무나 당연한 말인데 이 당연함을 꾸준히 지키는 것이 참 어렵습니다.

장사가 어느 정도 자리 잡히기 시작하면 갈증이 옵니다. '왜 우리 가게는 유명해지지 않지? 왜 우리 것을 알아주지 않지?' 그러다가 자꾸 외부로 눈을 돌리죠. 외부에 돈과 시간을 쓰기 시작합니다. 페이스북의 빅마우스, 인스타그램에서 핫한 인플루언서를 따라다니며 '우리 가게도 좀 언급해주세요'라고 하지요. 그러면 산으로 가는 거예요. 본질은 놔두고 외부적인 마케팅과 홍보에만 너무 치중하다 보면 음식 값에 다른 비용이 과하게 들어가요. 그 부담은 고스란히 손님 몫으로 떨어집니다.

더욱이 이렇게 해서는 일회성 방문자만 낳기 십상이에요. 사장님 스스로 자기 손님을 인스타그램에 사진 올리러 온 일회성 방문자로 전락시키면 안 되잖아요. 요즘 핫한 말, '인스타그래머블 하다' 는 것도 경계할 필요가 있어요. 사람들이 인스타그램 맛집을 다니며 하는 말을 들어보면 시쳇말로 '도장깨기'처럼 언급해요. "나 여기 가봤어", 그러고 끝이에요. 홍보에 초점을 맞추면 방문자들이 늘어나는 것은 맞지만, 그게 재방문으로 이어질지는 미지수입니다.

홍보에서 방문자 늘리는 것보다 더 신경 써야 할 것은 나의 브랜드, 콘텐츠입니다. 브랜드에는 그 브랜드를 만들어가는 사람의 스토리가 녹아들어야 해요. 나에게 어떤 경험과 기억들이 있는지 끄집어내야 합니다. 다 파헤쳐봐야 해요. 가진 게 없으면 가짜예요. 내 브랜드의 스토리가 없다면 그 생명력이 얼마나 갈까요?

아직 브랜드의 본질을 잡지도 못했는데 인스타그램에서 유명해지려고만 하다 보면 정작 중요한 손님, 단골손님을 위한 것들에 소홀해질 수 있어요. 일회성 방문자용 가게가 되는 건 위험해요. 단골손님이 좋아하는 가게는 일회성 방문자가 좋아하는, 인스타그램에 나오는 가게와는 좀 다르거든요. 손님에게 왜 그 가게에 다시 가느냐고 물어보면 "거기가 좋아서, 맛있어서"라는 대답이 나오도록 해야 해요.

간혹 보면 '맛 상관없어. 재료 상관없어. 연출만 잘하면 돼'라고 생각하고 포스터 멋지게 만드는 데에만 집중하는 사장님들이 있어요. 이게 브랜딩을 잘하는 걸까요? 결코 아니죠. 저는 장사하는 분들이 시야를 외부로 돌리기보다 먼저 자기 안으로 돌렸으면 좋겠습니다. 자꾸 바깥을 보기만 하면 자기 안에 있는 걸 끄집어낼 수 없어요. 내가 어떤 걸 왜 하고 싶은지 이야기가 되어야 해요. 내가 이걸 왜 하고 싶은지가 명확히 서려면 자신과의 대화가 필요해요. '내일도두부'와 '동촌'을 예로 들어 좀 더 말씀드려 보겠습니다.

기본은 맛에서

마천시장에 오래된 두붓집이 하나 있었습니다. 저는 그 두부가 맛있었어요. 그런데 사장님이 어느 날 문을 닫겠다고 하시더군요. 이유를 물었더니 힘들대요. 그 두부가 좋고 그 맛이 지켜지기를 바라는 마음에 제게 가게를 넘기시라고 했어요.

물려받은 그 상태 그대로 3년을 운영하면서 이분이 왜 힘들어하셨는지 파악해봤어요. 두부라는 게 노동 대비 부가가치가 안 나오는 아이템이더라고요. 품은 많이 드는데 나올 수 있는 매출이나 수익이 낮았어요. 콩 불리는 시간도 계절에 따라 달라지기 때문에 민감하게 체크해야 해요. 이렇게 힘들게 할 바에는 차라리 남의 가게에서 일하는 게 낫겠다고 생각하신 거죠.

가게를 인수한 다음 '두부를 어떻게 브랜딩할까?'보다는 우선 '두부가 어떻게 나아가야 할까?'를 고민했어요. 곰곰이 생각해보니, 제가 이 두부를 좋아한 건 마트 두부는 결코 흉내 낼 수 없는 '맛' 때문이더라고요. 마트 두부와 즉석 두부의 차이는 캔 커피와 갓 볶은 원두로 내린 에스프레소의 차이 같은 거예요. 갓 수확한

◀국산 콩을 꽉꽉 채워 갓 만들어낸 두부. 매장 전반에도 두부의 정체성이 잘 드러나도록 했다.

국산 콩으로 만들어도 방금 만든 두부와 공장에서 며칠 전에 만든 두부는 맛의 차이가 확연해요. 마트에서 파는 두부를 먹을 때는 간장 같은 게 필요합니다. 싱겁거든요. 그런데 국산 콩을 꽉꽉 채워서 만든 두부는 고소하고 풍미가 가득해 양념이 필요 없어요. 물론 이렇게 만들어도 하루가 지나면 맛이 떨어지기 시작하죠. '즉석'이 중요한 이유예요.

생각이 여기에 미치니 브랜딩은 자연스럽게 풀렸습니다. 저희 두부의 정체성은 '매일 만드는 즉석두부'예요. 국산 콩을 꾹꾹 눌러 담아 만든 두부죠. 이름은 '내일도두부'로 지었어요. 여기에는 3가지 의미가 있습니다. 내일(tomorrow)도 두부, 내 일(job)도 두부, 내 일도(ildo, 이름) 두부. 디자인에서도 두부라는 정체성이 하얗게 다 드러나도록 신경 썼고요.

문제는 가격이에요. 한 모에 4000원이거든요. 왜 이렇게 비싸냐는 말도 많이 들었어요. "저희는 국산 콩으로 만들어요"라고 하면 "누가 국산 콩으로 만들래요? 1000원짜리 중국산 두부 주세요" 하는 사람도 있어요. 하지만 중국 콩은 일단 묵은 콩이고, 생산과정도 불투명해요. GMO 콩인지 아닌지 확인할 길도 없고요. 국산 콩 가격은 중국 콩의 3배예요. 국산 콩을 쓰고 그것도 꾹꾹 눌러서 만들면 이 가격일 수밖에 없어요. 그래도 돈이 안 돼요. 그걸 각오하고 했습니다. 다행히 외부에서 아시고 멀리서도 많이들 오십니다. 그런 면에서는 성공적이라고 생각해요.

요식업 브랜드가 고객의 신뢰를 받으려면 음식으로 장난치지 말아야 해요. 저는 그걸 첫 번째로 생각해요. 음식으로 장난친다는 건, 좋지 않은 식자재로 수익을 남기거나 무리하게 바가지 씌우는 것이에요. 시즌에 따라 갑자기 가격을 올린다든가 해서 바가지 씌우는 것도 장난치는 겁니다. 돈을 조금 더 벌려고 음식으로 장난치지 말고 하던 대로 묵묵히 해나가야 해요. 하다 보면 그걸 알아봐주는 사람들이 하나둘 늘어납니다. 장인들을 보면 고집불통이고 답답할 정도로 자기 일을 묵묵히 해나가잖아요. 브랜드는 그런 장인정신으로, 굳은 신념을 가지고 키워가야 해요. 절대로 포기할 수 없는 것, 퀄리티입니다.

'맛있는 집'에서 '또 생각나는 집'으로

동촌은 제가 한 가지 실험을 하는 곳이에요. 20년 이상 된 민속주점을 인수한 건데요, 손님은 별로 없었지만 제 눈엔 보석 같아 보였어요. 제가 어느 날 20년 된 가게를 하고 싶다고 해도 불가능하잖아요. 그런데 동촌을 그대로 받으면 '20년 된 시간'을 살 수 있겠다 싶었어요. 실제로 손님들이 대화하는 걸 들어보면 "여기 나 중학교 때 오던 곳이야", "이거 내가 낙서한 거야" 이런 이야기가 들려요. 이렇게 쌓인 추억은 단기간에 만들 수 없는 귀한 거예요.

이 실험의 포인트는 기본만 정확히 잡는 겁니다. 가게를 인수하면서 음식점의 가장 기본적인 것, 맛과 청결, 서비스만 다듬었어요.

내부 인테리어는 크게 손대지 않았고, 사장이 바뀌었다는 티를 내지도 않았어요. 손님이 인식하지 못할 정도로 조금씩 손보며 기본을 살려 나갔습니다.

기존 가게에 손님이 없었던 이유를 처음부터 정확히 알고 시작한 건 아니었어요. 그러다 이유를 알게 된 건 손님 덕분이었습니다. 어느 날 매장 근처에서 한동안 안 오던 손님을 만났어요. "요즘 왜 안 오세요?" 그런데 대답이 허탈했어요. 까먹었대요. 우리 가게를 잊어버린 거죠. 그때 깨달았어요. 저도 3개월 전에 먹었던 음식을 다 기억하지는 못하거든요. 3개월은커녕 어제 뭐 먹었는지도 가물가물하잖아요. 손님이 다시 오게 하려면 처음 매장에 왔을 때 뭔가 하나라도 더 기억에 남겨놔야 해요. 아예 손님은 우리 가게를 잊는다고 가정하고, 손님이 언젠가 우리 가게를 회상할 수 있게끔 기억의 고리를 걸어놓아야 해요.

기억의 연결고리는 뭐니 뭐니 해도 음식이겠죠. 동촌의 메뉴는 돈가스와 보리밥이에요. 그냥 돈가스는 흔한데 돈가스와 보리밥, 돈가스와 열무김치, 돈가스와 된장찌개, 이런 식으로 함께 먹는 음식을 엉켜놓으면 조합이 신선해져요. 된장찌개를 먹다가 '아, 된장찌개는 그때 거기가 맛있었는데', 열무김치를 먹다가 '아, 열무김치랑 같이 먹었던 돈가스 맛있었는데' 이런 식으로 기억의 고리를 더 견고하게 하는 거죠. 그러면서 기본적인 것을 갈아엎었어요.

예를 들어 돈가스는 기름에 튀기는 음식이잖아요. 어떤 가게는 그 기름을 며칠 동안 써요. 저는 기름을 하루에 두 번 갈아요. 깨끗한 기름에 튀긴 돈가스가 맛있는 건 당연하니까요. 이 바삭함은 일식 돈가스의 바삭함과도 달라요. 저희 가게에서 하는 한식 돈가스는 젖은 돈가스, 습식 돈가스예요. 면에 생면과 건면이 있듯이 빵가루도 습식과 건식이 있어요. 전 생면을 쓰듯 습식 빵가루를 써서 돈가스를 만들었어요. 이렇게 하면 겉은 바삭한데 속하고 부드럽게 씹히는 맛이 있어요.

고기 크기도 키웠어요. 2인분 같은 1인분으로 포만감을 줄 수 있게요. 돈가스가 크면 손님들은 일단 신뢰해요. '여기는 재료를 다 쓰는구나. 돈을 안 남기는구나.' 다른 메뉴도 으레 그럴 것이라고 생각하죠. 이렇게 돈가스에서 어마어마한 임팩트를 주고, 느끼해질 때쯤 된장찌개와 열무김치, 보리밥을 먹으며 중화하도록 메뉴를 구성했어요. 된장찌개도 맛이 달라요. 강원도에서 공수한 된장으로 만들거든요. 절대로 마트 된장이나 간장을 쓰지 않아요. 처음에는 장을 직접 담그려고 했다가 지금은 장을 잘 담그는 분께 사오고 있어요.

음식점의 또 한 가지 기본은 '청결'입니다. 이전 매장은 찌개를 화장실 옆에서 끓이는 식이었어요. 그게 당시 청결 수준이었죠. 전체 인테리어는 그대로 두되, 비위생적인 부분은 다 뜯어고쳤어요.

가스 설비를 제대로 해서 주방과 화장실을 확실히 떨어뜨려놓고, 천장에 눌어붙어 있던 때와 먼지도 싹 걷어냈어요.

가장 힘든 건 '서비스'였습니다. 기존 직원들을 다 내보내야 했거든요. 전원 교체를 감행한 이유는 답이 없기 때문이었습니다. 불친절은 바꿀 수가 없어요. 이럴 때 저는 '대들보 전략'을 써요. 손님 4명이 있는데 3명은 이 된장찌개가 맛있다고 해요. 그런데 나머지 한 명이 의구심을 갖고 "된장찌개 맛없지 않아?"라고 할 때 3명이 "아니야, 이거 정말 맛있는데 네가 이상한 거야"라고 하면 그 친구도 그걸 맛있다고 느끼려 노력해요. 서비스 태도도 마찬가지예요. 인간은 주변 사람의 영향을 받는 존재예요. 새로운 사람은 특히 기존 직원의 수준에 맞춰 따라갑니다. 저는 영향을 미치는 최소인원을 4명으로 잡아요. 이 4명만 잘 구축되면 누가 들어와도 서비스를 건강하게 잘할 수 있어요. 4명이 친절하면 새로 들어온 한 명도 친절해져요. 물들거든요.

음식점의 기본인 맛과 청결과 서비스, 이 3가지를 바꾼 후 4개월 만에 매출이 1.5배 이상 뛰었어요. 홍보는 전혀 하지 않았는데도 이런 결과가 나온 거죠. 손님이 이곳을 잊지 않고 또 생각나게 하는 힘은 기본을 지키는 것에서 나옵니다. 저희는 닭고기도 반드시 냉장을 써요. 그날 양계장에서 잡아서 새벽에 작업한 닭을 쓰죠. 냉장을 고수하는 게 쉽지는 않습니다. 손님들은 잘 모를 수도 있어요. 원가도 냉장과 냉동은 1.5배 이상 차이가 나요. 하지만 이렇게 신선한 식자재를 쓰면 '또 먹고 싶다'를 끌어내는 힘이 생깁니다. '맛있다'에서 '또 생각난다'가 되도록 하는 힘, 이건 결국 기본을 지키는 것에서 출발해요.

장사는 공부다

제가 아는 외식업 선배가 있어요. 평소 그분을 지켜보면서 매출 50억 원까지는 할지 모르지만 100억 원까지 가지는 못할 거라 생각했더랬죠. 그런데 그분이 매출을 50억 원에서 70억 원으로 키우더니, 다시 100억 원까지 올리더라고요. 원래 고기만 했는데 여기에 반찬을 접목해야 하는구나, 디자인이 필요하구나, 인테리어를 바꿔야 하는구나, 시스템을 만들어야 하는구나, 나아가 스케일을 만들어야 하는구나, 유통을 해야겠구나, 제설을 해봐야겠구나, 육가공을 해야겠구나, 하고 계속 진화하면서요.

성장의 한계에 부딪힐 때 이분이 하는 게 바로 '공부'였어요. 사람들을 만나 조언도 구하고 교육 프로그램도 찾아다니고요. 생전 안 읽던 책을 읽어가며 어떻게든 방법을 모색하려 했어요. 그런 모습을 보면서 저도 장사공부에 대한 개념이 생겼습니다.

고등학교 2학년 때 제 짝이 전교 1등이었어요. 이 친구가 공부를 어떻게 하는지 보니, 아침에 그날 수업에 대해 전반적인 예습을 하고 수업 시작 전에 다시 한 번 죽 훑어보았어요. 그게 노트에 다 기록돼 있어요. 수업 시간에는 열심히 수업 듣고, 쉬는 시간에는 5분을 쪼개서 그날 배운 걸 정리해요. 그렇게 쉬는 시간 10분을 복습 5분, 예습 5분에 쓰더라고요. 마지막 수업이 끝나면 하루 동안 배운 걸 쫙 정리했어요. 전교 1등을 할 수밖에 없겠죠. 저는요? 그 시간에 잠자고 놀기만 했죠.

20대 중반에 그때 친구들 소식을 들었어요. 몇몇은 서울대나 로스쿨에 갔고 나중에 사시, 행시를 통과해 다들 잘됐더군요. 그들은 성공해야 해요. 안 그러면 억울하죠. 반면 저는 그들이 4~5시간 자면서 공부할 때 실컷 놀았으니 이제라도 두 배로 하자, 죽기 살기로 해보자는 생각이 들었어요. 그때부터 일하고 공부하고 연구하는 생활이 시작되었습니다.

제 공부방식은 무조건 책이었습니다. 그 전에는 1년에 몇 권을 읽었겠어요. 일단 첫 번째 목표로 '1년간 100권을 읽자'고 결심했어요. 그건 쉬웠어요. 적어도 하루 1시간은 꾸준히 책을 봐야 하니까 책 읽는 습관도 길러졌고요. 두 번째 해부터는 계획이 생겼습니다. 읽고 싶은 책, 발전하고 싶은 부분을 정해서 카테고리를 나눴어요. 인터넷 서점에서 해당 분야의 책들을 훑어보고, 그중에서 가장 관심 가는 분야를 한바탕 주문했어요. 그렇게 하니까 뭔가 좀 알 것 같더라고요. 독서 3년차 때에는 인상적인 부분을 줄 쳐가며 읽고 기록하기 시작했어요. 책에 노트해놨는데 그게 도움이 많이 되었어요. 책 읽고 공부하는 게 습관이 되기 시작했어요.

성장한다는 건 제 삶의 동력 같은 거예요. 어제보다 오늘의 내가 낫고, 오늘보다 내일의 내가 더 나은 삶. 매일 더 나아지고 싶어요. 제가 공부하는 이유는 좀 더 나은 사람이 되고자 하기 때문이에요. 1년에 한 번 전체 회식을 할 때 제가 늘 하는 얘기가 있어요. "외식업 종사자들이 존경받아야 한다." 존중받고 존경받으려면 우리가 어떻게 하느냐가 중요해요. 우리가 존중받을 만한 사람이 되어야 하잖아요. 우리가 특별한 존재임을 잊지 말아야 해요.

매장의 모든 요소에 컨셉을 담아라

   사람들은 흔히 좋아하는 일로는 먹고살 수 없다고 말한다. 좋아하는 것은 그냥 취미로 남겨두어야 한다고 한다. 그러나 문상열 사장은 가장 좋아하는 것을 사업에 담고 싶었다. 그렇다면 좋아하는 일에 돈을 벌 수 있는 일을 섞어보면 어떨까? 피자집 '트래블앤아트'는 이런 발상으로 탄생했다. 브랜드네임에서 드러나듯, 이 피자 가게의 컨셉은 '여행'과 '예술'이다. 여행을 좋아하고 예술을 사랑하는 부부가 남들과 다른 컨셉으로 자신들만의 매장을 만들고자 내린 결정이다. 문상열 사장은 스스로를 '기장'이라고 소개한다.

   언뜻 생각하기에는 의아할 수 있다. 여행과 피자의 콜라보레이션이 가능할까?

   그러나 이런 의문은 매장 입구에서부터 풀린다. 홍대점 외관에는 에펠탑이 크게 장식돼 있어서 '여행 컨셉'임을 직관적으로 알 수 있다. 매장 안에는 여행 관련 가이드 책들과 각국을 여행하면서 구입한 기념품들로 장식해두었다. 여행하기 전의 설렘과 여행의 추억을 모두 느낄 수 있는 공간을 만들고 싶어서 매장의 모든 요소를 오롯이 여행에 맞추었다고 했다.

매장 인테리어만이 아니다. 고객과의 접점 모든 곳에 트래블앤아트는 '여행'이라는 컨셉을 녹여냈다. 그들의 독특한 컨셉이 유감없이 발휘되는 핵심요소는 다름 아닌 메뉴다. 이곳에는 어느 피자집에나 있는 '고구마 피자'가 없다. 대신 '프라하 고구마 피자'가 있다. 최근 신혼여행지로 각광받는 프라하의 달콤한 추억을 떠올릴 수 있는 네이밍이다. 붉은 치킨과 노란 파인애플을 넣은 피자 이름은 '몰디브 썬라이즈'다. 몰디브 여행에서 바라본 아침 해에서 영감을 얻어 만들었다고 한다. 엘니도 섬에서 스쿠버다이빙을 하며 아름다운 산호를 보고 새우를 맛보았던 기억은 '엘니도 쉬림프 피자'를 탄생시켰다. 이렇듯 문상열 사장은 도시 이름과 그 도시만의 느낌을 살려서 메뉴를 만들고 이름을 짓는다. 최근에는 고객들도 "갈릭스테이크 피자 주세요", "쉬림프앤스파이시치킨 피자 주세요"라고 하지 않고 "멜버른 주세요", "바로셀로나 주세요"처럼 도시 이름으로 주문한다고 한다. 트래블앤아트의 컨셉이 고객에게 이해되고, 받아들여지고, 고객들도 즐기게 된 것이다.

포장박스나 피자에 딸려 나가는 쿠폰 하나도 허투루 만들지 않는다. 트래블앤아트만의 박스를 제작하고, 배달이나 포장을 할 때 소스를 하나의 패키지처럼 담아 깔끔하게 전달한다. 쿠폰은 여행의 느낌을 담기 위해 비행기 보딩패스로 디자인했다. 쿠폰을 다 모은 고객에게 "축하드립니다. 어디로 여행하시겠어요?"라고 물으

면 고객들은 "멜버른이요", "바로셀로나요"라고 대답하며 즐거워
한다. 비행 마일리지를 적립한 이들에게는 가격에 상관없이 어디
든 떠날 수 있는(먹을 수 있는) 프리이용권을 제공한다. 프리이용권
을 받은 고객들은 평소 먹던 피자 말고 새로운 메뉴를 선택하곤 한
다. 고객은 평소에 가고 싶었던 여행지를 고르는 듯한 설렘을 느끼
고, 가게는 고객에게 새로운 메뉴를 선보이는 기회가 되어 다양한
메뉴로 확장되는 효과가 있다. 더러는 세계여행을 목표로 삼고 이
곳의 피자를 하나씩 체크해가며 먹어보는 고객도 있다고 한다.

　이처럼 잘 만들어진 컨셉은 쿠폰처럼 여느 매장에나 있는 요소
도 재미있는 이야깃거리로 탈바꿈시키는 힘이 있다. 이는 단순한
고객 서비스 이상의 의미를 지닌다. 문상열 사장은 "친절과 맛으로
만 장사하는 시대는 지났다"고 말한다. 물론 그도 속이 거북하지
않도록 좋은 밀가루를 쓰고 직접 소스를 끓이고 피클을 담그는 등
맛과 영양에 정성을 들이지만, 그것은 기본일 뿐이다. 손님들과 끈
끈한 연결고리를 만들려면 작지만 기억에 남는 재미와 즐거움을
주어 충성고객으로 만들어야 한다.
　이를 위해 그는 소소한 것 하나에도 신경 썼다고 한다. 손님이 주
문전화를 하면 그날의 추천메뉴가 통화연결음으로 나온다. 문 사
장이 드라마 주인공 성대모사를 해 녹음한 것인데, 통화하기 전부
터 재미와 정보를 선사하며 손님과 가까워지는 연결고리가 된다.

무더운 복날에는 손님의 건강을 함께 챙긴다는 의미로 2년산 새싹 삼을 드리기도 하고, 크리스마스 시즌에는 산타복을 입고 배달했다. 아이들이 너무 좋아해서 크리스마스 이후에도 산타가 배달해 줄 수 있느냐는 문의를 많이 받았다고 한다. 이런 크고 작은 배려와 이벤트가 한 번 찾은 손님을 다시 찾게 하는 계기가 된다.

　물론 새로운 컨셉을 시도하는 것이 쉽지는 않다. 이미 컨셉이 정해진 프랜차이즈에 가맹점으로 들어가는 것은 아예 불가능하므로, 출발부터 자신의 힘으로 모든 것을 직접 만들어가야 한다. 트래블앤아트 또한 여행과 피자를 결합한 컨셉은 어디에도 없으므로, 이를 실현하기 위해서는 개인 매장을 내는 것이 피할 수 없는 선택이었다. 메뉴 개발과 매장 인테리어, 운영 전반의 모든 것을 직접 해결해가는 과정이 순탄했을 리 없다. 메이저 브랜드와의 경쟁도 쉽지 않다. 자본력이 딸리다 보니 두발로 뛰면서 홍보하는 수밖에 없었다. 트래블앤아트도 초기에는 프랜차이즈 매장이 문을 닫은 밤늦은 시간, 심지어 새벽시간까지 영업을 연장하며 가게를 알려야 했다.

　온갖 어려움이 있지만, 그럼에도 문상열 사장은 자신만의 컨셉을 포기해서는 안 된다고 말한다. 좋은 컨셉을 가진 브랜드는 사람들이 외면하지 않는다. 좋은 컨셉은 좋은 브랜드를 낳고, 사람들이 사랑하게끔 만드는 힘이 있다. 개인 매장이라도 브랜딩이 되어 있으면 동네 가게라는 이미지가 아니라 '신뢰할 수 있는 매장'이라는 이미지를 심어줄 수 있다. 그러니 우리 가게만의 컨셉이 무엇인지, 어떤 브랜드로 키워갈 것인지 늘 고민하자. 4장에서 간추린 '우리 가게 브랜딩 체크리스트'를 참조해서 우리 가게만의 브랜드를 만들어가 보자.

1. 우리 가게의 이름에 스토리가 있는가?
2. 우리 가게만의 메뉴가 있는가?, 그 메뉴에는 어떤 이야깃거리가 있는가?
3. 누가 우리 가게의 타깃인가? 그 타깃을 위한 장치가 있는가?
4. 직원들은 고객들로 하여금 '잘 먹고 가게 한다'는 외식업의 본질을 충실히 이행하고 있는가?
5. 우리 가게에 어울리는 음악이 있는가?
6. 우리 동네의 상권은 어떠한가? 우리 가게에 올 만한 고객이 있는가?
7. 우리 공간은 우리 브랜드를 잘 보여주고 있는가?

5장

잘나가는 가게를 만드는 서비스 품질 3가지

잘못된 대응이 불만고객을 블랙컨슈머로 만든다

세월이 쌓인 팀워크가 최고의 서비스를 만든다

공부가 생각날 때를 놓치지 말라

단단한
마인드에서
단단한
서비스가

많은 사장님들이 궁금해합니다.
"사장이 없어도 사장이 있을 때처럼
서비스를 잘하게 하려면 어떻게 해야 하나요?"
손님들은 음료 한잔 더 준다고
서비스 잘한다고 생각하지 않아요.
직원의 접객 태도부터 시작해
음식점의 모든 요소를 하나하나 따지며
서비스 품질을 평가합니다.
외식업에서 말하는 서비스는
고객이 가게에 들어와서
메뉴를 주문하고 먹고 나가는 과정에서
공급자인 사장님과 직원이 할 수 있는
모든 활동을 말합니다.
이 모든 활동이 사장이 없더라도
매출에 이상 없을 정도로 원활하게
이루어져야 한다는 것이죠.

장사는
서비스다

CPCS평생교육원 신다향 실장

매출과 서비스의 상관관계, 있을까요? 당연히 있죠. 여기까지는 다들 아십니다. 그러면 서비스에 따라 매출이 얼마나 달라질까요?

어느 사장님이 오픈 초반 매출이 2100만 원이었는데 다른 업무를 보느라 바빠서 가게에 덜 나갔더니 매출이 1600만 원까지 떨어졌대요. 500만 원이면 큰 차이잖아요. 사장님이 도저히 안 되겠다 싶어서 다시 가게에 열심히 나갔더니 금방 매출이 회복됐다고 합니다. 상권 문제도 아니고 음식이 맛없어진 것도 아니고, 다른 조건은 다 똑같은데 왜 갑자기 매출이 떨어졌을까요? 사장님들은 답을 아실 겁니다. 직원들의 서비스 퀄리티, 접객 태도가 나빠졌기 때문이죠. 이처럼 사장이 매장에 있을 때와 없을 때 직원의 태도를 비롯해 전반적인 서비스 품질이 달라지고, 그게 곧 매출로 이어지곤 합니다.

그래서 많은 사장님들이 궁금해합니다. "사장이 없어도 사장이 있을 때처럼 서비스를 잘하게 하려면 어떻게 해야 하나요?"

손님들은 음료 한잔 더 준다고 서비스 잘한다고 생각하지 않아요. 직원의 접객 태도부터 시작해 음식점의 모든 요소를 하나하나

따지며 서비스 품질을 평가합니다. 외식업에서 말하는 서비스는 고객이 가게에 들어와서 메뉴를 주문하고 먹고 나가는 과정에서 공급자인 사장님과 직원이 할 수 있는 모든 활동을 말합니다. 이 모든 활동이 사장이 없더라도 매출에 이상 없을 정도로 원활하게 이루어져야 한다는 것이죠. 어떻게 하면 그럴 수 있을까요? 서비스의 영역이 워낙 방대하니, 여기서는 외식업 서비스 현장에서 놓쳐서는 안 될 중요한 이슈 중심으로 차근차근 알아보겠습니다.

잘나가는 가게를 만드는 서비스 품질 3가지

성공하는 가게, 잘나가는 가게, 고객이 사랑하는 가게의 서비스는 뭔가 달라도 다릅니다. 도대체 무엇이 다른 걸까요? 바로 탐색품질, 경험품질, 신용품질입니다.

들어오고 싶게 만드는 '탐색품질'

탐색품질은 소비자가 뭔가를 구매하기 전에 볼 수 있는 속성들입니다. 음식점의 탐색품질은 가게 외관, 간판, 온라인 리뷰 같은 것들을 말해요. 배달 앱을 활용하고 있다면 앱상에서 보이는 모습, 사장님의 댓글이나 이벤트 메시지도 탐색품질에 해당합니다. 가게 밖에 이젤을 놓고 '신메뉴가 나왔어요'라고 알릴 수도 있고, 배달 앱에 '리뷰 이벤트를 하고 있습니다'라고 글로 보여줄 수도 있겠죠.

가게 외관에서 가장 중요한 것은 '우리는 무엇을 팝니다'라고 하는 브랜드 정체성입니다. 음식점 이름이든 간판 디자인이든, 보자마자 '이 집은 이걸 파는구나' 하고 단번에 알게끔 해주는 직관적 포인트가 있으면 좋겠죠.

한편 가게 내부에는 우리 브랜드는 다른 가게와 다르다는 점을 보여줄 것이 있어야 해요. 차별점을 내세우는 방법은 무척 다양합니다. 어떤 가게는 숫자로 브랜드 정체성을 표현합니다. 어느 이탈리안 레스토랑의 한쪽 벽에 '1 3 11 485'라는 숫자가 적혀 있기에 무슨 뜻인지 궁금했는데, '1'은 '우리 매장의 안심 스테이크는 한우 1++입니다'라는 뜻이었어요. '3'은 '언론사 선정 3대 화덕피자'라는 의미였고 '11'은 '11명의 셰프'를 뜻했습니다. 셰프의 집안이라는 것이죠. 마지막 '485'는 '정통 나폴리 피자를 만들기 위한 화덕의 최적온도는 485℃이며 우리는 항상 이 온도를 지키고 있습니다'라는 뜻이었어요. 이 가게 이름이 '키친485'인데, 스토리를 알고 나니 브랜드명에서 오너의 철학이 읽혀서 좋았습니다.

인테리어에 매장 컨셉을 담을 수도 있습니다. '카페 같은 치킨집'이 컨셉이라면 포근하고 아늑하고 오래 머물고 싶게끔 공간을 만드는 거죠. 고객에게 일관된 메시지를 전하는 데에는 인테리어도 매우 중요합니다.

외식업 인테리어에도 유행이 있습니다. 단적인 예로, 몇 년 전만 해도 블랙앤화이트 풍의 모던해 보이는 카페가 많았다면 요즘은 자연스러운 느낌, 빈티지한 느낌의 카페가 많아졌죠.

최근에는 유행을 좇기보다 자신의 색깔을 강조하는 음식점이 많아지는 추세입니다. 인스타그램에 올릴 수 있는 예쁘고 특색 있는 공간이 선호되고, 40대 이상 중장년층도 "요즘 젊은이들은 뭘 좋아하나?"하며 20~30대들이 갈 만한 음식점을 찾아갑니다. 그러다 보니 아무래도 독특하고 재미있는 매장이 선호되는 편입니다. 그 매장의 독특한 컨셉을 좋아하는 마니아층이 알아서 찾아오게끔 인테리어를 하는 것이죠.

대표적인 곳이 연남동이나 망원동 일대입니다. 바로 근처의 홍대 상권은 다양한 사람들이 오기 때문에 '옆집 고객을 우리 가게에 오게 하려면 어떻게 해야 할까?'를 고민하고, 그 결과 시간이 갈수록 가게마다의 특성이 섞여서 비슷해지는 경향이 있습니다. 그에 반해 연남동이나 망원동은 '우리는 마이웨이다'라는 마인드가 강해요. 그 색깔을 좋아하는 마니아층의 팬덤이 두터워지고, 그게 밑바탕이 되어 상권이 더 커지고 있습니다. 망원동에는 지금도 롱런하는 음식점이 많은데 홍대 상권은 가게들이 금방 오픈했다가 접곤 해요. 투자비용도 거의 뽑지 못하고 빚만 진 채 빠지는 경우가 많습니다. 그러니 유행하는 패턴만을 좇기보다는 자신만의 컨셉을 잘 보여주는 장치를 다양하게 고민해보시면 좋겠습니다.

▶'엉짱윤치킨' 매장 전경. 매장에 들어서기 전부터 "이게 치킨집이야?" 하는 기분 좋은 놀라움을 선사한다. 내부에는 "단 하나뿐인 맛을 연구합니다"라는 운영철학을 젊은 감각으로 표현했다.

◀'내일도두부' 매장 내부. 매장의 모든 요소를 두부 이미지에 맞추어 깨끗하고 고급스럽게 브랜드 정체성을 드러냈다.

또 하나, 최근에는 주차 서비스가 경험 이전의 탐색 단계에서 중요해졌습니다. 주차 가능한지 물어보고 어렵다고 하면 아예 오지 않는 경우가 많죠.

만약 별도 주차장이 없거나 협소하다면 주변에 있는 주차장을 안내해야 합니다. 예전에는 "이 근처 ○○ 건물 앞에 주차하시면 됩니다"라고 했는데, 요즘에는 좀 더 발전해서 근처에 주차하라고 안내한 다음 나갈 때 1000원, 2000원을 주차비로 지원하는 방법도 등장했습니다. 그런데 이런 방법을 쓰다 보니 주차하지도 않았으면서 돈을 받아가는 고객이 많아졌대요. 그래서 최근에는 주차권을 가져오면 도장을 찍어주거나 주차장과 별도 계약을 맺어서 무료주차를 하도록 하는 것이 트렌드 아닌 트렌드입니다.

반겨준다는 느낌을 주는 '경험품질'

경험품질은 소비할 때나 소비 후의 경험을 통해 느끼는 속성을 말합니다. 음식점이라면 맛이나 직원의 복장, 기초지식, 서비스 등이 해당되겠죠. 기본적으로 서비스 응대 매뉴얼이 있으면 일관된 서비스를 하는 데 도움이 됩니다. 음식에서 이물질이 나왔거나 하는 등의 돌발상황에 대처하는 매뉴얼도 갖추고 있다면 더 좋고요.

고객 서비스에서 중요한 것 3가지를 꼽는다면 진심, 배려, 관심이라 할 수 있습니다. 이게 기본적으로 갖춰져야 합니다.

고객센터에 전화하면 상담사들이 상냥한 목소리로 친절하게 응대합니다. 그런데 정작 궁금한 점을 문의하면 "그건 저희 담당이 아니라 담당 부서가 따로 있습니다"라면서 떠넘기는 경우가 있지 않나요? 그런 경험을 하면 친절하다고 느끼지 못하겠죠. 고객이 원하는 것을 해결해주고 싶어 하는 마음, 그런 진심이 없어서입니다. 고객이 우리 매장에 들어오거나 배달시켰을 때, 무엇을 원하는지 빠르게 간파하고 해결해주고자 하는 마음이 진심으로 느껴지는 게 중요합니다.

그 진심을 표현하는 방식이 관심과 배려입니다. 배려는 고객의 입장에서 생각해보고 행동하는 거예요. 맥줏집 사장님이 고객의 바람을 헤아려본다면 냉장고에 넣어둔 차가운 잔에 맥주를 따라주지 않을까요? 대부분의 손님이 시원한 맥주를 좋아하니까요. 그런 것이 배려라고 생각해요. 배려가 쌓이면 고객이 우리 집을 찾게 하는 진짜 원동력이 됩니다. 고객이 우리 가게를 더 좋게 느끼는 계기가 무엇인지 고민하고, 그 마음을 배려의 형태로 표현하는 거죠.

고객에 대한 관심은 접객 태도에서 고스란히 드러납니다. 음식점에 들어섰을 때의 첫인상은 손님인 나를 반겨주는지 아닌지에 따라 정해집니다. 그걸 보고 이 집은 친절한지 아닌지 판단해요. 따라서 홀에서는 손님이 들어오면 아무리 바빠도 눈을 맞춰가며 인사해야 합니다. 평소보다 조금은 높은 톤으로, 밝은 표정으로 눈을 바라보며 인사하는 것이 가장 이상적이지요. 고객이 '나를 반겨주고 있구나' 하고 느끼도록 하는 것이 가장 친절한 응대, 접객 태도입니다.

그렇다면 고객을 직접 대면하지 않는 전화주문은 어떻게 할까요? 이때는 표정이 보이지 않기 때문에 멘트나 뉘앙스, 말투가 더 중요합니다. 말투에서 상대방의 표정이 연상되니까요. 본인의 평소 목소리 톤보다 한 단계 높은 톤으로 받고, 고객이 "저희 어디인데요"라고 말하면 알아듣고 반겨주는 느낌으로 "아, 네. 고객님" 하고 관심 표현을 해주는 것이 좋습니다.

고객은 자신이 특별한 대접을 받는다고 느낄 때 감동합니다. 지극히 사소한 것일지라도 말이죠. 어떤 사장님은 전화를 받으면 상대방의 목소리만 듣고도 '내가 당신을 알고 기억하고 있다'는 느낌을 주기 위해 "아, 고객님! 잘 지내셨어요?"라고 인사합니다. 그것만으로도 고객은 자신을 정말 알아준다고 생각해서 단골이 된다고 해요. 실제로 어느 고객이 "사장님이 그때 그렇게 말씀해주셔서 저 여기만 이용하잖아요"라는 얘기를 나중에 하더랍니다.

이처럼 목소리를 잘 기억하는 사장님이 있는가 하면 어떤 사장님은 이름을 잘 기억하고, 어떤 분은 얼굴을 잘 기억해요. 사장님마다 잘하는 게 다 다릅니다. 각자 잘하는 것을 컨셉으로 잡고 강화해서 좋은 인상을 남기면 됩니다. 진심과 배려, 관심이 있으면 통하게 마련이니까요.

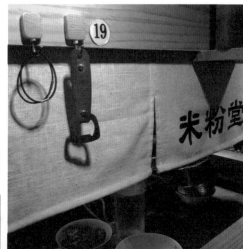

▶강남 '미분당'은 고객의 흘러내리는 머리카락을 배려해 머리끈을 비치해두었다.

▲홍대 '스프카레진'의 대기공간. 패널에 잡지를 비치함으로써 대기고객의 체감 대기시간은 줄이고, 식사중인 고객은 대기자의 눈총 없이 충분히 즐길 수 있다.

◀'생활맥주'에는 벽면은 물론 냅킨에도 재치 있는 문구를 적어 유쾌함을 배가시킨다.

사장의 소신이 만드는 '신용품질'

신용품질, 앞의 두 품질과 달리 이번엔 말뜻부터 조금 모호합니다. 실제로 소비자가 서비스를 경험하고 나서도 판단하기 어려운 속성이 신용품질이에요. 상한 음식이 아닌 한, 고객은 음식을 먹으면서 이 식자재가 유통기한을 넘긴 건지 아닌지 알기 어렵습니다. 그래서 많은 고객들이 미심쩍어하고 불안해하는 것이 바로 신용품질입니다. 이 외에도 조리할 때 위생 청결을 꼭 지킨다든지, 정량을 주는 것, 배달시간을 지키는 것도 신용품질에 해당해요.

한 번은 점심시간에 베트남 쌀국수집에 갔습니다. 인테리어 소품들을 봤는데 유리병 위에 먼지가 뽀얗게 내려앉아 있고 거미줄이 처져 있었어요. 조금만 바람이 불면 저게 음식에 들어오지 않을까 불안하더라고요. 소스통 입구에는 소스가 말라붙어 있었습니다. 이처럼 직원이 놓치기 쉬운 사소한 부분에서 이미지가 깎여나갑니다. 하나를 보면 열을 안다고, 이런 걸 보고 나면 '과연 주방은 청결할까?' 하는 의심이 들죠. 순식간에 신용품질이 무너지는 겁니다.

이 밖에도 신용품질을 떨어뜨리는 요소는 얼마든지 있습니다. 최근에는 작은 음식점에도 직원들이 유니폼을 갖춰 입는 곳이 많아졌습니다. 유니폼을 입으면 고객에게 깔끔하고 정돈된 이미지를 주고 브랜드 정체성을 더 잘 각인시킬 수 있고, 직원이 소속감과 책임감을 느끼며 일하게 된다는 효과가 있습니다.

그러나 이는 유니폼을 입고 브랜드 이미지에 맞게 행동했을 때의 효과입니다. 유니폼을 입은 동안에는 언제 어디서든 고객이 나를 보고 있다는 마음가짐으로 행동해야 합니다. 특히 '위생'과 관련해서는 각별히 조심해야 합니다. 어떤 식당에 갔는데 유니폼을 입은 직원이 매장 바깥에서 담배를 피우고 있다면 어떨까요? 담배 피우고는 손을 씻지 않고 바로 조리장으로 들어가는 모습을 보면 어떨까요? 혹은 앞치마와 위생모 차림의 직원이 화장실에서 나오는 걸 봤다면 어떨까요? 앞치마와 위생모는 세균과 각종 이물질로부터 오염을 방지하고자 착용하는 것인데, 그 차림 그대로 화장실을 다녀오는 모습을 본다면 깜짝 놀랄 일이죠. 우리가 전혀 생각하지 못했던 부분에서 고객은 우리의 청결 상태를 의심하고 실망할 수 있어요. 그렇게 철저히 관리하지 못할 바에는 유니폼을 입지 않는 게 오히려 나을지도 모릅니다.

위생 청결은 사소한 곳 하나하나까지 신경 써야 하기 때문에 사장님들이 놓칠 수 있는 부분이 있습니다. 하지만 고객에게는 그 모든 것이 '불결', '비위생'의 의미로 크게 와 닿을 수 있으니 꼼꼼하게, 체계적으로 관리하셔야 합니다. 일례로 겨울에 눈 올 때 음식점에 가보면 입구에 종이 박스를 깔아놓는 경우가 있는데요. 미끄러지지 말라고, 눈 털고 들어오라고 해둔 나름의 배려일 겁니다. 그런데 고객 입장에서는 축축하고 찢어진 박스가 지저분해 보여요. 이것 때문에 고객이 문앞에서 발길을 돌릴 수도 있습니다. 문

앞이 지저분하면 가게 안도 깨끗하지 않을 거라 미루어 짐작하게 되니까요. 다른 사업에서는 위생 청결이 덜 중요할 수 있을지 몰라도 음식장사를 한다면 맛과 위생에서는 양보가 없어야 합니다.

소비자가 보고 판단할 수 있는 건 탐색품질이나 경험품질이지만, 그 이유로 신용품질을 가볍게 여겨서는 안 됩니다. 누가 감시하지 않아도 신선한 식자재를 쓰고 브랜드 컨셉에 맞게 장사하겠다는 의지가 있어야 합니다. 그래서 신용품질을 높이려면 사장님의 장사 철학이 단단해야 해요. 족발은 삶고 나서 3시간 안에 먹어야 맛있다면 '우리는 무조건 3시간 안에 삶은 족발만 판다'는 기준을 지키는 겁니다. 신용품질은 겉으로 드러나지 않지만, 잘 지키면 무엇과도 바꿀 수 없는 감동 포인트가 됩니다.

잘못된 대응이 불만고객을 블랙컨슈머로 만든다

외식업 서비스에서 중요한 건 단지 친절과 웃음만이 아니라 고객이 진정으로 원하는 게 무엇인지 관심을 기울이고 관리하는 것입니다. 그런데 서비스, 참 어렵습니다. 특히 불만을 토로하는 고객 앞에 서면 어떻게 해야 할지 몰라 당황하는 분들이 많습니다.

혹시 '불만고객'이라 하면 어떤 이미지가 떠오르시나요? 사장님 중에는 '불만고객은 곧 진상고객이고 블랙컨슈머'라고 생각하는 분이 많습니다. 블랙컨슈머(black consumer)란 고의적으로 악성 민원을 제기하는 소비자, 예를 들면 음식에서 머리카락이 나오지 않았는데 나온 것처럼 꾸미고는 "당신네 음식에서 머리카락 나왔으니 보상해줘. 안 그러면 SNS에 올릴 거야"라고 부당한 요구를 하는 사람들을 가리킵니다. 하지만 단순히 불만을 말하는 고객 대부분은 보상을 요구하지 않아요. 그저 '이 점이 불만이다'라고 말하는 정도입니다. 내가 겪은 문제가 앞으로 일어나지 않았으면 좋겠다는 마음에서 알려주는 거예요. 나아가 '나는 이 집을 계속 이용할 건데 이 부분은 개선됐으면 좋겠다'는 순수한 마음에 말씀하시는 분도 많습니다.

간혹 불만을 말하면서 서비스나 보상을 요구하는 경우도 있습니다. 하지만 이런 경우는 많아야 한 달에 한두 명 정도 될까요? 돈을 요구하는 사람은 1년에 한두 명 정도라고 합니다. 그런데도 사장님 중에는 고객이 불만을 말하면 바로 '아, 그래서 뭘 해달라는 건데?'라고 생각하시는 분이 있습니다. '불만고객=블랙컨슈머'라고 생각하기 때문에 적절히 응대하기도 전에 질겁하는 겁니다.

또는 뭘 어떻게 해야 할지 몰라서 초기대응이 미흡한 경우도 많습니다. 작은 사건을 크게 키우는 지름길입니다. 처음에는 단순한 불만고객이었는데 사장님이 블랙컨슈머로 키우는 셈이죠.

이런 경우가 있었어요. 고객이 시킨 치킨에서 구더기가 나왔대요. 그런데 사장님은 나름대로 위생관리에 대해 확고한 철학이 있는 분이었어요. 그래서 곧바로 "우리 집에서는 구더기가 나올 리 없다"고 하셨지요. 하지만 아무리 본인의 신념이 확고하더라도, 고객 입장에서 생각해보고 먼저 "많이 놀라셨겠어요" 하며 공감해 줘야 하지 않을까요? 고객이 말하는 불만의 이면에 무엇이 있는지 찬찬히 보려 하지 않고 지레 발끈해서 흥분하면 상황이 꼬여버립니다. 고객 입장에서는 그냥 새 치킨과 다음에 먹을 수 있는 쿠폰 정도 얻어볼까 했는데, 사장이 이렇게 나오면 코너에 몰린 고객은 "내가 거짓말이라도 했다는 거야? 고발하겠다. SNS에 올리겠다" 하고 일이 커져버려요. SNS에 퍼지고 소송이라도 이어지면 사장님도 힘들고 고객도 힘들고, 가게를 이용하려고 했던 사람들도 떨어져 나갑니다. 이런 안타까운 경우가 꽤 많습니다. 사장님이 고객의 이야기를 잘 들어주고 대화해보면 불만고객이 악성으로 하는 건지 단순히 불만을 말하는 건지 쉽게 구분할 수 있을 겁니다.

① 공감이 먼저

단순히 불만을 표출하는 것이라면 공감하는 말을 한 다음 "어떻게 해드릴까요? 어떤 걸 원하세요? 다시 만들어드릴까요? 아니면 다음에 드실 수 있게 쿠폰을 드릴까요?"라고 물어보면 됩니다. 그러면 고객은 괜찮다고 하거나 원하는 보상을 말할 테니 그대로 해드리면 됩니다.

일단은 '공감'이 먼저입니다. 이때는 쿠션 화법, 예스 화법, 청유형 화법을 활용하시면 좋습니다. 쿠션 화법은 흔히 '괜실번죄바'라고도 합니다. '괜찮으시다면, 실례합니다만, 번거로우시겠지만, 죄송합니다만, 바쁘시겠지만' 이런 말을 먼저 하는 거예요. 거절하거나 사과하는 등 불편한 용건을 말할 때 본론 앞에 푹신푹신한 쿠션화법을 넣어서 말씀하시면 상대방이 기분 나쁘지 않은 선에서 내가 원하는 대로 의사전달을 할 수 있습니다.

예스 화법은 "네, 제가"를 아예 앞에 붙이는 겁니다. 고객이 뭔가를 얘기할 때 "네" 혹은 "알겠습니다" 하고 단답형으로 대답하는 사장님이 많은데요. 그러지 말고 "네, 제가"를 넣어서 "네, 제가 소스 챙겨드릴게요"라고 말씀드리는 겁니다. 이것만으로도 듣는 사람 입장에서는 뭔가 믿음이 생겨요. '저 사람이 정말 해주겠구나' 하는 신뢰가 생깁니다. 말하는 사람도 본인이 책임지고 해야 할 것 같은 느낌이 들고, 할 수 있다는 자신감도 생깁니다. 그래서 '네, 제가'로 시작하는 예스 화법을 쓰면 서비스가 더 견고해집니다.

청유형은 "~하면 어떨까요?"라고 권유하듯이 말하는 겁니다. 예를 들어 고객 두 명이 와서 4인석에 앉으려고 해요. 이럴 때 "거기는 4인석이라 안 됩니다. 여기에 앉아주시기 바랍니다"라고 말하기보다는 "죄송합니다만, 그 테이블은 지금 예약석이라서요. 이쪽에 앉아주시면 어떨까요?"라고 권유하듯이 제안하는 거예요. 뭔가 부탁하는 것처럼 말하는 거죠. 어렵지도 않습니다. "여기 앉아주세요"를 "여기 앉아주시면 어떨까요?"라고 어미만 바꾸면 됩니다. 싫다고 할 사람은 별로 없을 겁니다.

②메시지는 일관되게

불만고객 응대 수칙 두 번째는 기준을 정해두고 일관된 메시지를 전해야 한다는 겁니다. 메시지가 오락가락하다 보면 누군가가 블랙컨슈머로 작정하고 들어올 수도 있어요. 그래서 일관된 메시지가 중요합니다. 배달 앱처럼 공개된 곳에서는 더욱더 그렇고요.

블랙컨슈머에게도 한계선을 확실히 알려줘야 해요. 아무리 으름장을 놓아도 '우리는 딱 여기까지 해드릴 수 있습니다'라는 선을 그어줘야 더 심한 요구를 사전에 잠재울 수 있습니다. 사장님들이 가장 어려워하는 게 이런 부분이기도 합니다. 우리는 청결에 각별히 신경 썼다고 자부하는데 이물질이 나왔다, 혹은 우리 것을 먹고 탈이 났다고 연락이 왔다? 이러면 당황해서 대응이 오락가락 하는 거죠.

③진심으로 노력하는 모습을

음식점 사장님들은 대부분 건물에 대한 화재보험, 배상책임에 대한 보험에 가입해 있습니다. 그런데 정작 그것을 사용해야 할 때에는 어떻게 활용할지 몰라 당황하기 일쑤입니다. 예를 들어 우리 음식을 먹고 배탈이 나거나 구토를 한다는 고객 연락을 받으면 어떻게 해야 할까요? 앞에서 설명한 대로 먼저 공감의 메시지와 사과를 드리고, "저희는 배상책임 보험에 가입되어 있으니 안심하세요. 번거로우시겠지만 병원 가서 진단소견서 받아주시면 저희가 배상해드리겠습니다. 다음부터는 이런 일이 없도록 열심히 교육하고 개선하겠습니다" 하고 말씀드리는 게 정석입니다.

하지만 실제상황일 때에는 이렇게 침착하게 하기가 정말 쉽지 않죠. 고객에게 병원 가서 소견서 떼어오라고 말하는 것 자체가 민망하고 껄끄럽습니다. 그래서 많은 사장님들이 보험으로 처리하는 대신 현장에서 합의하는 걸로 끝내곤 합니다. "그러면 병원 한 번 가보세요. 진료받아 보세요"라고 하면서 5만 원이나 10만 원 정도 봉투에 넣어서 드리는 것이죠.

결코 권장할 만한 방식은 아니죠. 돈으로 무마하려는 의도로 오해되기도 쉽고요. 다만 경황없는 와중에 죄송한 심정을 이런 식으로라도 보여드리려는 마음은 이해가 됩니다. 점주가 자신의 실수를 만회하기 위해 진심으로 노력하는 게 느껴지면 불편을 겪고 속상했던 고객도 의외로 쉽게 마음을 풉니다. 그래서 자신이 불만을 제기했어도 오히려 가게를 좋아하게 되는 계기가 될 수도 있어요. 중요한 것은 고객이 점주의 '진심'을 느끼는 겁니다. 기왕이면 정석대로, 침착하게 진심을 전하는 사장님이 되시기를 바랍니다.

고객님이 화나는 이유

- 고객을 보고도 인사를 하지 않을 때
- 원하지 않는 자리를 안내해 줄 때
- 종업원을 불러도 보이지도 않고 대답도 없을 때
- 무표정한 서비스와 성의 없는 말투일 때
- 주문한 메뉴가 잘못 나오거나 나오지 않을 때
- 정결하지 않는 기물과 식기가 나올 때
- 음식 설명도 없이 무표정하게 음식만 놓고 나가버릴 때
- 일정하지도 않고 기준도 없이 음식이 서빙 될 때
- 음식에 성의가 없다고 느껴질 때
- 음식이 입맛에 너무 맞지 않을 때
- 음식에서 이물질이 나왔을 때
- 실수 후에도 진심 어린 사과의 말이 없을 때
- 고객의 말에 대꾸를 할 때
- 다른 고객에게만 편중된 서비스를 할 때
- 여러 번 요구한 사항임에도 늦게 대응할 때
- 빨리 나가라는 눈치를 줄 때
- 고객을 가르치려는 태도를 보일 때
- 화장실이 더럽고 비품의 작동이 안 될 때
- 오직 매출만 생각하고 고객을 돈으로 바라볼 때
- 가든지 알든지 나 몰라라 할 때

우리는 전국최고 라는 자부심을 가지고 일하자 !!!
" 하면 된다 할 수 있다 "

절대 고객님께 해서는 안될 10가지 멘트

1. 묵묵부답
(고객의소리를 그냥 무시해버림)

2. 그릇 또는 물건을 황비홍처럼 던지는 행위

3. 다른 분들은 아무 말씀 안 하시던데요?

4. 고객님이 실수하신 것 아니에요?

5. 저희는 원래 그렇습니다.

6. 회사방침이 그렇습니다.

7. 그건 안됩니다.

8. 저희는 시키는 대로 할 뿐입니다.

9. 좀 기다리시면 안되나요?

10. 네? 뭐라구요?

▲'깐깐한족발'의 고객 응대 지침. '절대 고객님께 해서는 안 될 10가지 멘트', '고객님이 화나는 이유' 등 서비스 마인드를 되새길 수 있는 지침이 매장 곳곳에 붙어 있다.

멋있는 직원이 되기 위한 7가지 제안

1. "할 수 있습니다" 라고 하는 긍정적인 사람

2. "기꺼이 해드리겠습니다" 라고 하는 적극적인 사람

3. "잘못된 것은 즉시 고치겠습니다" 라고 하는 겸허한 사람

4. "참 좋은 말씀입니다" 라고 하는 수용적인 사람

5. "대단히 고맙습니다" 라고 하는 감사할 줄 아는 사람

6. "도울 일 없습니까?" 라고 할 수 있는 여유 있는 사람

7. "이 순간 할일이 무엇일까?" 라고 일을 찾아할 줄 아는 사람

우리는 전국 최고라는 자부심을 가지고 일하자 !!!
" 하면 된다 할 수 있다 "

세월이 쌓인 팀워크가
최고의 서비스를 만든다

어떤 사장님은 가난하게 자랐고 주변에 도와주는 사람이 없어서 '누가 자신을 도와주기만 하면 그 사람을 평생의 멘토로 따를 텐데'라는 마음이 있었대요. 어렵게 돈을 모아 작은 치킨집을 내면서 자신처럼 간절한 사람을 뽑으면 잘될 것 같다고 믿었답니다. 그래서 면접 볼 때 형편이 어려운 사람을 뽑았대요. 이 일 아니면 생활이 어려운 절박한 사람들 말이죠. 그런데 막상 뽑아놓고 보니 열심히 하기는 하는데 오래가지는 못하더랍니다. 일을 좀 할 만하면, 가게가 안정적으로 굴러갈 만하면 자꾸 그만두더래요.

사장님들 중에 직원 관리를 힘들어하는 분이 많습니다. 더욱이 외식업은 유독 이직이 많죠. 1년 넘기는 직원을 보기 힘들 정도입니다. 주방이든 홀이든 문제없이 돌아가게끔 합을 맞춰놨는데 누군가가 빠지면 그 자리를 또 메워야 해요. 그런데 사람이 바로 구해지나요. 운 좋게 금방 구해도 트레이닝 기간이 필요해서 한동안 운영에 차질이 생길 수밖에 없습니다. 이래저래 직원이 자주 그만둔다는 것은 전체적인 팀워크에 마이너스예요.

앞에 말한 사장님도 처음에는 왜 직원들이 자꾸 그만두는지 이유를 몰랐다고 합니다. 그런데 가게가 알려지고 안정적으로 운영되고, 생계형 장사가 아니라 비즈니스라는 관점으로 멀리 보려고 하다 보니 당장 직원들 월급 주는 것만이 중요한 게 아니라는 사실을 깨닫게 됐다고 했어요. 직원이 우리 가게에서 더 오래 일하게 만드는 무언가를 주었어야 했는데, 그러지 못했다는 거죠.

함께 오래 일할 직원을 뽑는다면 그 사람의 성장을 위해 급여 외에 어떤 지원을 해줄 수 있는지, 그리고 직원은 가게에 무엇을 해줄 수 있는지에 대해, 즉 구직자 입장에서의 계획과 바람을 들어보아야 합니다. 당장 일손이 필요하다고 대충 면접 보고 "괜찮은 것 같아. 빨리 써보자" 하는 식은 곤란합니다. 시간이 걸리더라도 그 사람이 우리 가게에 와서 무엇을 얻어가고 싶어 하고, 나는 그 부분에 대해 무엇을 해줄 수 있는지 준비하고 협의하면 오래 함께하는 동료를 얻을 수 있을 겁니다.

사람을 좋아하는지가 먼저

직원을 채용할 때 가장 먼저 봐야 할 점은 사람을 좋아하는지 여부입니다. 사람을 향해 있는지가 중요해요. 주방에 있든 홀서빙을 하든 배달을 하든, 서비스업은 사람과 사람의 일이거든요. 음식을 만들 때도 사람이 먹었을 때 더 행복한 것, 더 건강한 것 위주로 생각하고 만드는 사람은 다르겠죠. 어떤 포지션의 사람을 뽑든 사람을 좋아하는 마음이 있는지를 면접을 통해 알아봐야 합니다. 지원자가 면접 보러 오기 전에 시간과 장소를 정하잖아요. 그럴 때 통화나 문자를 해보면 '이 사람이 상대방을 배려하고 있구나' 하는 마음이 느껴질 때가 있어요. 반대로 약속을 어기거나 계속 미루거나 하는 태도를 봐도 자연스레 그 사람에 대한 판단을 할 수 있겠죠.

면접할 때 표정이나 인사말 한마디로도 알 수 있습니다. '이 사람은 어디에 내놓아도, 어떤 낯선 사람과도 말을 잘하겠구나' 라는 것 말이죠. 사람을 좋아하는 사람은 낯선 사람을 두려워하지 않아요. 평소 친구들과 어울리는 걸 좋아하는지, 연장자와 사이가 좋은지 등을 물어보면서 평소 사람들과 어떻게 지내는지 유심히 살펴보면 고객 서비스를 잘해낼 수 있는 사람인지 판단하는 힌트를 얻을 수 있습니다.

동기부여로 직원의 마음을 잡아라

일단 사람을 뽑았으면 오래도록 즐겁게 일할 수 있도록 동기부여를 해주어야 합니다. 그래야 팀워크가 좋아져 훌륭한 서비스를 꾸준히 할 수 있습니다.

외식 점포에서는 흔히 서비스 응대 매뉴얼을 활용합니다. 매뉴얼은 누구나 동일한 서비스를 제공할 수 있게 하고, 분명 서비스 퀄리티를 높이는 데 도움이 됩니다. 하지만 저는 응대 매뉴얼에 대한 교육을 강조하는 편은 아닙니다. 가장 중요한 것은 직원의 마인드예요. 고객에게 친절해야겠다는 태도, 마음가짐입니다. 고객에게 잘하고 싶은 마음이 절로 우러나도록 동기부여가 되어 있다면 가장 좋겠죠. 그렇게 스스로 동기부여될 수 있도록 만드는 건 사장님의 몫입니다.

금전적인 보상으로 동기부여를 줄 수도 있는데요. 예컨대 월 매출이 일정 수준 이상이 되면 기본급 외에 인센티브를 주겠다고 하는 식이죠. 근속연수나 직급에 따라 포상휴가를 줄 수도 있고요. 교육 프로그램 지원이나 선물, 휴가 등 혜택을 제공할 수도 있어요. 직원들이 원하는 바를 협의해서 제공하는 방법도 있습니다. 어떤 사장님은 책 좋아하는 직원에게는 책을 지원해주더라고요. 이런 식으로 본인이 이뤄낸 성과대비 보상을 하는 것도 좋은 방법입니다. 보상에 대한 동기부여가 되면 세일즈도 열심히 할 테고 고객에게 한 번이라도 더 다가가고 좋은 서비스를 하기 위해 노력하겠죠.

어느 사장님은 카톡 단체방을 활용해 관리하더군요. 2교대로 돌아가는 매장이었는데, 조별로 카톡방을 만들어서 매일 각자 한 일을 자랑하도록 업무보고를 받는 거예요. 앞 조가 퇴근하기 전에 자신이 일한 공간을 다 청소해 다음 조가 바로 일을 시작할 수 있도록 했다는 식이죠. 사장이 그 자랑을 지켜봤다가 잘한 조에게 월 단위로 포상했더니 사장 없이도 서비스가 좋아지면서 매출이 올라가더랍니다.

비금전적인 보상도 동기부여가 될 수 있어요. 외식업에 뜻이 있는 직원과 매장 개점과 같은 비전을 공유하고 실제로 매장을 낼 수 있도록 이끌어주는 방법이 대표적입니다. 비금전적인 동기부여

는 직원과 동반성장한다는 마음가짐으로 하나하나 정성껏 만들어
가야 합니다. 일체감을 심어줄 수 있는 행사도 생각해보시면 좋겠
습니다. 예를 들면 어떤 사장님은 젊은 감각을 한껏 발휘해서 휴무
날이면 다 같이 영화를 보러 가기도 하고, 함께 기타를 배우거나
스포츠 체험을 하는 식으로 취미나 문화생활을 함께하더군요. 금
전적인 보상만이 전부가 아님을 느끼는 것 같았습니다.

처음의 질문으로 돌아가 보겠습니다. 사장님이 자리를 비웠는데
도 사장님이 있는 것처럼 가게가 잘 돌아가게 하려면 어떻게 해야

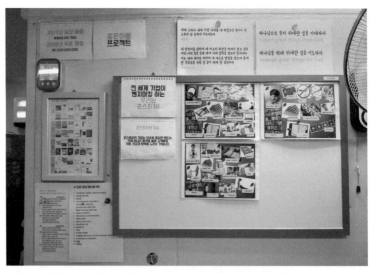

▲'준스피자' 길동점의 직원 게시판. 준스피자의 가치, 매출목표, 필독서 목록, 사장과 직원의 한
해 목표가 사진과 함께 적혀 있다.

할까요?

비결은 동기부여와 권한위임에 있습니다. 점장이 직원을 관리하도록 많은 역할을 주어 사장님처럼 일할 수 있도록 하는 방법도 있습니다. 물론 권한만큼의 책임도 주어야겠죠. 정보도 주어야 하고요. 제게 서비스 교육을 받은 사장님들은 혼자만 배우는 게 아니라 매장에 돌아가서 직원들에게 전파교육을 하곤 합니다. 그것만으로도 훌륭한 서비스 교육이 될 수 있어요. '사장도 이렇게 공부하는데 나도 해봐야겠다'는 동기부여도 되고요. 그 결과 직원 한 명 한 명이 더 즐겁게 일하고, 자연스럽게 서비스 품질도 향상되어 사장님 없이도 잘 돌아가는 가게가 됩니다.

공부가 생각난 때를 놓치지 말라

몇 년째 외식업체 사장님들에게 서비스 교육을 하고 있는데, 최근 들어 열기가 점점 뜨거워지는 것을 느낍니다. 과거에는 장사하기 위해 뭔가를 배울 필요 자체를 못 느끼거나, 공부해본 지 오래돼서 강의를 듣는 것도 어색해하는 분들이 많았습니다. 그러다 보면 그저 자신이 살아온 생활반경 안에서 봐온 것들로만 장사하게 되죠. 그렇게 하면 얼마 못 가 한계에 부딪힙니다. 맛에 자신 있고

220

응대를 잘하고 주변에 사람들이 많아서 당장은 장사가 잘될지언정 생계형밖에 안 돼요.

많은 사장님들이 장사가 잘되면 프랜차이즈 법인을 세우고 싶어 하는데, 그러려면 절대적으로 공부가 필요합니다. 매장이 늘어나면서 사장님이 알아야 할 것들이 계속 생기거든요. 분점을 어디에 내면 좋은지 상권에 대한 이해도 필요하고, 브랜드 정체성이 흔들리지 않으려면 가맹점 전체를 아우르는 비전도 마련해야 합니다. 이러한 것들을 체계적으로 잡아가려면 공부가 필요하죠. 직원이 많아지면 자신이 알고 있었던 범위를 벗어나는 일이 자꾸 생기니 노무 특강이 필요하겠죠.

이렇게 공부가 필요하다고 느낀다면 때를 놓치지 말고 도전하시기 바랍니다. 스스로 필요성을 느껴서 공부하는 분들은 그만큼 집중력도 좋고 흡수도 빠르고 더 빨리 성장하는 것 같습니다. 아울러 교육받는 과정에서 스스로 동기부여도 됩니다. 처음에는 모르는 것을 배우러 왔는데, 교육받는 과정에서 자신이 이미 알고 있던 것을 재발견하고 되새기며 자신감을 찾는 것이죠.

장사에 정도가 없듯, 서비스에도 정답은 없습니다. 다만 우리 가게를 찾는 손님들에게 진심을 다해 관심 갖고 배려한다면 손님은 분명 서비스 경험에 만족하고 로열티를 갖게 돼 우리 가게를 다시 찾을 겁니다. 오늘 하루도 옆집 아닌 우리 가게를 찾아주는 손님,

그리고 매일같이 함께해주는 직원에게 감사의 마음을 표현하는
사장님이시길 바랍니다. 배움 속에서 성장하는 사장님을 응원합
니다.

매출의 본질에 집중하라

'어떻게 하면 매출을 올릴 수 있을까?'

사장님들의 가장 큰 고민은 뭐니 뭐니 해도 매출일 것이다. 카페든 음식점이든 아니면 다른 업종이든 사장들이 모이면 자연스럽게 매출에 대한 고민 혹은 노하우에 대한 이야기가 나오게 마련이다. 처음 장사를 시작해서 매장을 운영하다 보면 그날그날의 매출에 따라 기분이 달라진다. 매출이 높을 때는 기분이 한껏 고조되고, 매출이 낮을 때는 나도 모르게 기분도 처지는 느낌을 받는다. 그러다 보면 오로지 '매출'에만 집중하게 된다.

하지만 다시 한 번 생각해보자. 우리가 정말 집중해야 할 것이 과연 매출일까?

물론 매출은 매우 중요하다. 장사든 사업이든 첫 번째 목표는 '생존'이고, 그다음 목표는 '성장과 번영'일 테니 말이다. 매출을 생각하지 않는 사업은 존재 자체가 위태로울 수 있다.

그렇다면 매출의 본질은 과연 무엇일까?

'매출은 숫자 아닌가?' 이렇게 생각하기 쉬울 것이다. 그러나 바리스타 조성민은 매출은 결코 숫자가 아니라고 말한다. 그는 대전에서 카페를 운영하는 사장님이자《나는 스타벅스보다 작은 카페가 좋다》와《작은 가게 성공 매뉴얼》을 쓴 저자이기도 하다. 그는 매출의 본질에 대해 다시 생각할 필요가 있다고 말한다. 매출을 구성하는 수많은 요소의 핵심은 바로 '고객'이며, 더 깊이 들어가면 '고객과의 관계'라는 것이다.

조성민 대표의 설명을 들어보자. 장사가 잘된다는 것은 다르게 말하면 고객이 많이 찾아온다는 말과 같다. 장사의 성패는 결국 재방문에 달려 있다. 물을 팔든 자장면을 팔든, 왔던 고객이 다시 오면 장사가 잘되는 것이고, 아니면 안 되는 것이다. 왔던 고객이 친구를 데려오면 더 잘될 것이다. 즉 매출이 꾸준히 오르고 있다는 말은 고객들이 지속적으로 많이 생기거나 기존 고객들의 '재방문율'이 높아지고 있다는 것이다. 반대로 매출이 낮다는 것은 아직 충분히 고객을 확보하지 못했다는 것이며, 매출이 떨어지고 있다는 것은 고객들이 떠나고 있다는 뜻이다. 우리 가게와 고객과의 관계가 끈끈해지는지 느슨해지는지 아예 끊어지는지에 따라 매출도 요동치는 것이다.

결국 장사의 본질은 단순하게 생각하면 한 번 온 손님이 다시 오게 하는 것이다. 장사의 모든 요소가 이것을 중심으로 움직인다. 얼마에 팔면 손님들이 다시 올까? 어디서 팔면 다시 올까? 어떤 서비스를 하면 다시 올까? 어떤 메뉴를 하면 다시 올까? 이처럼 재방문에 대해서만 고민해도 장사가 재미있어진다.

그렇다면 어떻게 하면 고객을 다시 오게 만들 수 있을까?

조성민 대표는 '고객과의 관계'와 '사람의 기척', 이 두 가지만 알고 있어도 장사의 판도가 바뀔 수 있다고 말한다.

첫째, 고객과의 관계를 다지려면 고객을 두루뭉술하게 한 덩어리로 바라보는 관점부터 바꾸어야 한다.

모든 장사는 결국 1대 1의 관계다. 300억 원 매출이든 3000원 매출이든 1대 1의 관계에서 출발한다. 그런 점에서 규모가 작든 크든 모든 매출의 본질은 동일하다. 300억 원 매출도 쪼개고 보면 누군가 그 상품이나 서비스를 구입했다는 것이고, 구입한 사람은 개인이기 때문이다.

그러므로 장사를 한다면 고객 개인과의 관계에 집중해야 한다. 매출이 안 나와서 걱정인가? 그렇다면 오늘 오는 '단 한 명의 고객'에게 집중해보라. 그 고객과 친한 친구가 되어보라. 고객이 아닌 아끼는 친구에게 하듯 서비스하고 대접해보라. 매출에 집중하기보다 고객에 집중해보라. 그러면 분명히 길이 보일 것이다.

둘째, 사람의 기척을 느끼게 해야 한다.

'사람의 기척'이라니, 무슨 뜻인지 모호한가? 한번 상상해보자. 모르는 도시에 가서 식당을 고를 때 사람이 아무도 없는 곳은 왠지 꺼려진다. 맛이 없을 것 같다는 생각이 들어서다. 그러다 사람들이 북적거리는 식당을 발견하면 자연스럽게 "여기 맛있나 봐"하며 그리로 들어간다. 휴대폰으로 맛집을 검색해 추천이 많거나 블로그 포스팅이 많이 올라온 곳을 찾아가는 사람들의 심리도 이와 다르지 않다. 오프라인 매장뿐 아니라 온라인으로 배달 주문을 할 때에도 배달 앱에서 사장님 댓글과 고객 리뷰가 많은 곳을 본능적으로 선택하게 된다.

즉 사람의 기척이란 '사람들이 많이 오고간 느낌'을 말한다. 장사가 잘되는 곳은 모두 사람의 기척이 느껴진다. 이때 반드시 실제로 사람들이 많이 오고가야 하는 것은 아니다. 더 중요한 것은 많이 오고간 듯한 기척, 즉 '느낌'이다. 행동경제학에 '휴리스틱 (heuristics)'이란 개념이 있는데, 시간이나 정보가 불충분하여 합리적인 판단을 할 수 없거나, 굳이 체계적이고 합리적인 판단을 할 필요가 없는 상황에서 신속하게 사용하는 '어림짐작의 기술'을 말한다. '사람들이 많이 모인 곳은 맛집일 확률이 높다. 많은 블로거가 포스팅한 곳은 맛있을 것이다. 혹은 전문가가 추천한 집, 방송에 나온 집, 유명한 집이 좋을 것이다'라고 지레짐작하는 것도 휴리스틱 때문이다.

간혹 오래되고 허름한 맛집이 장사가 잘되어 신규 건물로 이전하거나 인테리어를 새롭게 바꾸면 장사가 예전처럼 잘되지 않고, 심지어 망하는 경우도 있다. 이유가 뭘까? 더 좋은 상권으로 이전하고, 시설도 더 좋아졌는데 말이다. 조성민 대표는 그 이유가 그 가게에 있던 '사람의 기척'이 없어졌기 때문이라고 말한다.

성공하는 가게가 되려면 '사람의 기척'이 많이 느껴지게 해야한다. 리뷰가 많이 달리거나, 사람들이 줄을 서거나, 전통이 있는 가게로 보이게 하는 것 모두 '사람의 기척'을 남기는 노력이다. 그런데 만약 우리 가게가 1년도 안 되었고 아직 손님도 많지 않아서 보여줄 게 하나도 없다면?

설령 실제로는 손님이 많지 않아 한산할 때에도 많은 사람이 오 갔다는 기척을 느끼도록 하는 장치를 고민해볼 필요가 있다. 우리 가게에 사람들이 많이 오고 있는 것처럼 보여주는 것이다. 일례로 사람의 이름을 쓰거나 사진을 걸어두는 것만으로도 공간에 대한 애착이 생긴다고 한다. 이 점에 착안해 조성민 대표는 커피 홀더 에 단골 고객에게 보내는 메시지를 새겼다고 한다. 손님들이 커피 홀더를 버리지 않게 하려고 고민하다 '김〇〇 1598잔' 하는 식으 로 카페의 단골손님이 구매한 커피 개수와 감사인사를 적은 것이 다. 얼핏 당사자만 기분 좋은 인사라 생각할 수도 있지만, 처음 온 고객들도 커피 홀더를 보며 '이 카페에 단골손님이 이렇게나 많이 방문했구나. 여기 커피는 맛있겠구나' 하고 느낄 수 있을 것이다. 이처럼 '사람의 기척'이 곳곳에 묻어나도록 하는 장치를 해두면 좋다.

처음의 질문으로 돌아가 보자. '어떻게 하면 매출을 올릴 수 있 을까?' 이는 결국 '어떻게 하면 이 고객을 다시 오게 만들 수 있까?' 라는 질문으로 이어진다. 재방문을 이끌어내려면 사람의 기척을 느끼게 해 사람들을 찾아오게 하고, 그들에게 친근한 서비스를 하여 관계를 다져야 한다. 우리를 만남으로써 고객이 그 전보다 기분이 좋아졌다면 그 서비스는 성공적일 것이고, 그 고객은 우리 가게에 다시 찾아올 것이다. 우리 커피가 맛있어서 고객의 기분이 좋아졌다면 역시 성공적인 서비스일 테고, 그 고객은 우리의 단골이 될 것이다.

이는 결국 성공하는 장사의 정의이기도 하다. 조 대표가 내리는 성공의 정의는 매출이 아니다. 매출이 성공의 기준일 수 없는 이유는 명확하다. 매출 100만 원이 기준이라면 300만 원 판매한 날은 성공이었다가, 다음 날 30만 원밖에 못 팔면 실패가 된다. 우울감이 온다. 이래서는 오래 장사할 수 없다. 그래서 조 대표는 이렇게 생각해보자고 제안한다. '출근하기 전에 기분이 좋고, 일하면서 기분이 좋고, 퇴근해서 기분이 좋으면 성공이다.'

그러니 결론은 간단하다. 내 기분이 더 좋아지고, 고객의 기분이 더 좋아지는 방법을 찾는 것이다. 그런 관점에서 앞에서 제안한 질문을 던져보자. '어떻게 하면 이 고객을 다시 오게 만들 수 있을까?' 이 질문을 매일 던지다 보면 사장님 내부에서 혁신적인 아이디어들이 떠오를 것이다.

부록

이것만은 꼭!
사장님이
알아야 할
법무·노무·
세무 상식

나와 내 사업을 지키는 기본적 법무상식

천하람 변호사(법무법인(유한) 주원 변호사, 입법발전소 정책위원)

법률분쟁에는 많은 시간과 비용이 소요되고, 그 과정에서 본업에 쏟아야 할 에너지가 분산된다. 불필요한 법률분쟁을 예방하고, 불가피한 법률분쟁을 신속하고 성공적으로 끝내기 위해서는 평소 '유리한 증거자료 확보'를 습관화하고, 인감도장 대여 등 위험한 행동을 자제해야 한다.

세상에는 다양한 법률과 규제가 존재한다. 이를 자영업자들이 모두 파악하는 것은 불가능하다. 그러므로 중요한 법률적 결정이나 지출을 하기 전에는 반드시 인터넷을 검색해보거나 관련기관에 문의해볼 필요가 있다. 10분만 시간을 쓰면 된다. 특히 '평범하지 않다'거나 '뭔가 위험한 것 같다'는 느낌이 들면 상대방의 말만 믿고 쉽게 결정하지 말고 주변 사람들에게 적극적으로 물어보고 필요한 경우 전문가의 자문을 얻는 것이 좋다. 10분의 문의와 검색, 신중한 검토가 10년이 소요되는 법률분쟁을 예방하고, 나의 법적 권리를 지켜줄 수 있음을 기억해야 한다. 지금부터 외식업 종사자들이 반드시 알아야 하는 법무상식을 파악하는 것으로 '10분의 실천'을 시작해보자.

[계약관계에서 빠뜨리지 말아야 할 것]

1. 증거 서면 작성 및 보관

우리나라 문화는 계약을 서면으로 쓰는 데 익숙하지 않은 편이다. 서면 작성을 번거롭게 여기기도 하거니와, 계약서를 쓰는 것은 상대방을 믿지 않는 행위라고 생각해 친한 사이에서는 작성을 꺼리기도 한다. 하지만 이는 현대의 거래관계에서 볼 때 매우 위험한 사고방식이다.

법률적 분쟁이 발생하면 누구의 주장이 타당한지는 결국 법정에서 판사들의 판단에 의해 최종 결정된다. 판사들은 누구의 말도 믿지 않는다. 단지 증거를 믿을 뿐이다. 냉혹하다고 생각할지 모르지만 그 상황을 직접 겪지 않은 판사로서는 누가 옳은지 그른지 증거가 없이는 알지 못한다. 입장을 바꿔 내가 판사라 하더라도 객관적 증거 없이 한쪽의 손을 들어주는 판결문을 쓰기는 어렵다. 결국 판사를 설득할 증거, 나에게 유리한 '증거자료'를 미리 잘 수집해두는 것이 나의 권리를 지키는 가장 강력한 무기가 된다.

2. 녹음파일의 증거 효력

통신비밀보호법은 공개되지 않은 타인 간의 대화를 녹음한 것은 증거로 사용할 수 없다고 규정하고 있다. 이에 관해 대법원은 자신이 참여하는 대화(일반적 대화와 전화통화를 모두 포함)는 '타인 간의 대화'가 아니라는 태도를 보인다. 따라서 자신이 참여하는 대화는 상대방의 동의 없이 녹음하더라도 그 녹음파일과 녹취록을 민사재판의 증거로 사용할 수 있다. 이러한 대법원의 태도가 타당한지는 논쟁의 소지가 있으나, 다른 증거를 확보하기 어려운 경우 보충수단으로 녹음을 고려할 수 있다.

그렇다고 해서 녹음만을 맹신해서는 곤란하다. 녹음파일의 증거능력이 있다는 것을 알고 '녹음을 해두었으니 문제없다'고 생각하기 쉬운데, 녹음파일은 정리된 문서와 달리 '말'을 녹음하는 것이기 때문에 내용에 두서가 없거나 모순이 있는 경우가 많다. 따라서 녹음보다는 계약서 등 '서면'에 의한 증거확보를 우선시해야 하고, 녹음은 서면증거 확보가 어려운 경우 차선책으로 활용하는 것이 좋다.

또 하나, 실제로 상담을 해보면 녹음을 하긴 했는데 도저히 못 찾겠다고 하는 경우가 생각보다 많다. 녹음파일도 중요한 증거인 만큼 중요한 계약서를 보관하듯이 안전한 위치에 백업해두자.

3. 상대방 인적사항 확인

민사사건의 소송수행을 하다 보면 의뢰인이 소를 제기해달라고 하면서도 상대방의 주소나 주민등록번호 등을 제대로 알지 못해 어려움을 겪을 때가 많다. 이렇게 되면 소송을 시작하는 단계에서부터 상당한 시간이 허비되고 진이 빠진다.

그러므로 거래관계에서는 상대방의 성명, 주소, 생년월일, 직업, 사업자등록번호 등을 미리 확인해두어 나중에 분쟁이 생겼을 때 상대방을 쉽게 특정할 수 있도록 해두자. 가장 손쉬운 방법이 계약서를 작성하는 것이다. 계약서를 쓰면서 자연스럽게 상대방 인적사항도 확보되는데, 이것이 계약서를 쓰는 주된 목적 중 하나이기도 하다.

4. 등기부 등 공적장부 확인

민사 법률관계에서 많은 부분을 차지하는 것이 부동산 관련 법률문제다. 부동산 매매에서부터 시작해 임대차, 근저당, 명의신탁, 시효취득 등 부동산 관련 이슈는 무수히 많다. 등기부 확인이 부동산 거래의 기본이라는 점은 상식이다. 그런데 놀랍게도 부동산 거래로 피해를 본 사례에서 부동산 등기를 제대로 확인하지 않아 화근이 된 경우가 적지 않다. 부동산 관련한 법률관계를 맺을 때는 반드시 부동산 등기부를 확인하는 습관을 들이자.

또한 부동산 거래를 할 때에는 등기부등본, 토지대장, 건축물관리대장, 임야대장 등을 떼어보아 소유자를 확인해야 한다. 가능한 현장을 직접 방문해 면적이 일치하는지, 용도 구역은 어떻게 지정돼 있는지 확인하는 등 사전 조사를 충분히 해야 한다.

5. 인감도장 관리

친부모, 형제지간이라도 맡겨서는 안 되는 게 바로 인감도장이다. 더욱이 인감도장과 인감증명서를 함께 맡기면 부동산 거래를 제외한 대부분의 법률행위, 예컨대 연대보증을 서게 하는 행위 등도 얼마든지 가능하다는 사실을 기억하자. 단적으로 말해 인감도장과 인감증명서를 맡긴다는 것은 내 전 재산을 맡기는 것과 같다고까지 생각해야 한다. 불가피하게 맡겨야 할 때에는 인감증명서 용도란에 용도를 구체적으로 기재해 다른 법률행위를 하지 못하도록 해야 한다.

[대여금 회수]

돈을 빌려줄 때에는 반드시 차용증을 받아야 한다. 그렇지 않을 경우 상대방이 잡아뗄 수도 있을뿐더러, 다행히 돈을 준 사실을 증명하더라도 상대방이 차용금이 아닌 투자 또는 증여였다고 주장하면 돈의 성격을 밝히기가 매우 어렵다.

도저히 차용증을 받을 수 없는 상황에는 해당 금액을 반드시 계좌이체로 송금하고, 상대방으로부터 대여 사실을 인정하는 내용의 문자 메시지, 카카오톡 메시지 등을 확보해야 한다. 내가 상대방에게 보낸 문자는 참고자료일 뿐 결정적인 증거가 되지 못하니 반드시 '상대방이 발송한' 메시지를 확보해두자. 상대방으로부터 대여원금 액수, 만기(변제기)와 대여 사실을 인정하는 내용의 녹취를 확보하는 것도 필요하다. 계좌이체 시 통장표시 메모란에 '홍길동 대여금'과 같이 메모를 남겨두는 것도 도움은 되지만 그것만으로 충분치는 않다.

차용증을 받을 경우 원금, 이자율, 돈 빌려주는 날, 변제기 등을 모두 표시해야 한다. 그런 다음 빌려주는 사람과 빌리는 사람의 이름, 생년월일, 주소를 모두 적고 빌리는 사람의 서명이나 인감도장 또는 지장을 받아야 한다. 빌리는 사람의 인감도장이 날인되고 인감증명서가 첨부되는 것이 가장 안전하나, 만일 인감도장이 아닌 서명이나 소위 막도장 날인을 받는 경우에는 '날인하는 상황'을 녹음하여, 상대방이 나중에 자신이 서명한 것이 아니라거나 자신이 도장을 찍은 것이 아니라는 거짓 주장을 하지 못하도록 대비하는 것이 바람직하다.

[상가임대차]

상가건물임대차보호법(이하 '상가임대차보호법')은 임차인의 권리
보장을 위해 반드시 내용을 숙지할 필요가 있다. 여기서는 이 법규
의 핵심사항만 간추려 설명하고자 한다.

1. 상가임대차보호법 필수요건

상가건물임대차보호법 제15조의 내용은 다음과 같다.

> **상가건물임대차보호법 제15조(강행규정)** 이 법의 규정에 위반된 약정으로서 임
> 차인에게 불리한 것은 효력이 없다.

즉 임대인과 임차인이 별도의 약정을 했다 해도 그것이 임차인
에게 불리한 내용일 경우 법적으로 무효가 된다는 뜻이다. 따라서
이 법의 적용만 받을 수 있다면 임차인의 권리를 매우 강력하게 보
호받을 수 있다. 물론 모든 경우에 법의 적용을 받을 수 있는 것은
아니다. 상가 임차인으로서 상가임대차보호법의 보호를 받기 위해
서는 3가지 요건을 반드시 갖추어야 한다. 그것은 다음과 같다.

① 상가의 인도(입점)
② 사업자등록

③ 관할 세무서에서 임대차계약서상 확정일자 취득

'인도'는 쉽게 말하면 내가 해당 점포에 입주하는 것이다. 그리고 그 점포 자리에 사업자등록증을 신청해야 한다. 여기까지는 누구나 다 한다. 그런데 세 번째 항목을 빠뜨리는 경우가 간혹 있다. 한 가지 팁을 드리면, 임대차계약서상 잔금 지급일 전이라도 계약금만 주면 임대차계약서를 받을 수 있다. 관할 세무서에 사업자등록을 신청하러 갈 때 이 임대차계약서를 들고 가서 담당부서에서 확정일자를 받으면 된다.

이렇게 하면 어떤 효력이 있을까? 확정일자를 찍으면 그날부터 임차인으로서 내가 이만큼의 보증금을 지불한 사실이 공적 증명으로 남는다. 만약 그날 이후 은행에서 저당권을 설정하더라도 나의 후순위가 된다. 쉽게 얘기해 확정일자 도장 하나 찍음으로써 "보증금 돌려주세요"라고 할 수 있는 평범한 권리가 은행이 설정하는 저당권 같은 강력한 권리로 변한다. 그만큼 어마어마한 효력이 있는 것이다.

2. 묵시적 갱신 및 계약갱신 요구권

임대인이 임대차 기간이 만료되기 6개월 전부터 1개월 전까지 임차인에게 갱신불가 또는 임대료 인상 통지를 하지 않고, 임차인도 별도의 통보를 하지 않으면 그 기간이 만료된 때에 전 임대차와

동일한 조건으로 1년 동안 갱신된 걸로 본다. 이를 '묵시적 갱신'이라 한다. 만약 6개월 전부터 1개월 전 사이에 임차인이 계약갱신을 요구하면 임대인은 정당한 사유 없이 거절할 수 없다. 이때 갱신요구 수단은 내용증명이든 문자 메시지든 이메일이든 상관없다.

대신에 여기에는 기간 제한이 있다. 종래 최초 임대차 기간을 포함해 전체 임대차 기간 5년을 초과하지 않는 범위에서 계약갱신 권리를 행사할 수 있었으나, 계약갱신 요구기간을 5년에서 10년으로 연장하는 상가임대차보호법 개정안이 2018년 9월 20일 국회 본회의에서 가결되어, 이후 (정확히는 해당 개정안이 대통령에 의해 공포된 이후) 체결되거나 갱신되는 임대차에 대하여는 10년의 계약갱신 요구권이 인정되게 되었다. 따라서 이미 임대차계약을 체결한 임차인도 개정안 공포 이후 갱신이 이뤄지는 경우 10년의 계약갱신 요구권을 행사할 수 있다.

3. 계약갱신 거절 사유

다만 계약갱신 거절 사유에 따라 임대인이 갱신을 거절할 수도 있다. 가장 흔한 사유는 3개월분의 임대료가 연체되었을 때다.

또한 최근에는 숍인숍 문제가 많이 생기니 유의하자. 숍인숍을 열 때에는 임대인의 동의를 받아야 하는데, 이것을 생략하는 경우에도 임대인이 적법하게 계약갱신을 거절하여 임대차계약이 종료될 수 있다.

근로계약서 작성법

김충모 노무사(세원노동법률사무소)

최근 소규모 사업장에서 노무관련 분쟁이 증가하고 있다. 상당수가 근로계약서 미작성·미교부, 주휴수당 미지급, 시간외수당 미지급, 연차휴가 미사용 수당의 청구 등에 관한 것이다. 이러한 규정은 상시근로자 수에 따라 적용되는 사항도 있고 그렇지 않은 사항도 있으므로, 자신의 사업장에는 무엇이 적용되는지 확인할 필요가 있다.

그런가 하면 근로계약서 작성 및 교부와 주휴수당은 상시근로자 수와 관계없이 모든 사업장에 적용되는 사항이다. 이에 대해 먼저 살펴보고, 상시근로자 수를 산정하는 방법과 그에 따라 연차수당 및 가산임금 지급이 어떻게 달라지는지 알아보도록 하자.

[모든 사업장 필수! 근로계약서 작성 · 교부 및 주휴수당]

근로계약서의 작성과 교부는 상시근로자 수와 관계없이 모든 사업장에 적용되는 사항이므로 반드시 지켜야 한다. 근로계약서에는 법령에 정한 사항이 빠짐없이 반영돼 있어야 한다.

1. 근로계약서 작성

근로계약서 작성(근로조건 서면명시)은 근로계약을 체결할 당시에 한다. 설령 직원의 요구가 없더라도 반드시 작성해 1부를 교부해야 한다. 근로계약 체결 이후 근로조건이 변경된 경우에도 마찬가지다.

근로계약서를 작성하지 않은 경우, 즉 근로조건을 서면명시하지 않은 경우에는 500만 원 이하의 벌금을 물리게 된다. (근로기준법 제17조 위반) 기간제 또는 단시간근로자의 경우에도 근로계약서를 작성해야 하며, 이를 어기면 500만 원 이하의 과태료가 부과된다. (기간제및단시간근로자보호등에관한법률 제17조 위반) 우리가 흔히 '알바'라고 부르는 경우에도 법적으로는 기간제근로자 또는 단시간근로자에 해당하므로 반드시 근로계약서를 작성하고 교부해야 한다.

근로계약서에 들어가야 할 내용은 다음과 같다. 통상근로자는 임금(임금의 구성항목, 계산방법, 지급방법), 소정근로시간, 주휴일, 연차유급휴가에 관한 사항을 적고, 기간제 및 단시간근로자의 경우에는 근로계약기간에 관한 사항, 근로시간 및 휴게에 관한 사항, 임금의 구성항목·계산방법·지불방법에 관한 사항, 휴일·휴가에 관한 사항, 취업의 장소와 종사해야 할 업무에 관한 사항, 근로일 및 근로일별 근로시간(단시간근로자에 한함)에 관한 사항을 적는다.

아울러 교부와 관련한 분쟁이 발생할 경우를 대비해, 근로계약서를 교부하면서 서명을 받아두는 등 교부 사실을 입증할 수 있는 조치를 해두는 것이 바람직하다. 고용노동부(www.moel.go.kr)에서 배포하는 표준근로계약서를 참조하면 도움이 될 것이다.

〈표준근로계약서 작성방법〉

_____(이하 "사업주"라 함)과(와) _____ (이하 "근로자"라 함)은 다음과 같이 근로계약을 체결한다.

1. 근로계약기간 :　　년　　월　　일부터　　년　　월　　일까지
   ※ 근로계약기간을 정하지 않는 경우에는 "근로개시일"만 기재
   ☞ 사장님과 근로자가 일하기로 약정한 기간

2. 근무장소 :
   ☞ 일을 수행하기 위한 장소를 명기

3. 업무의 내용 :
   ☞ 어떤 일을 할지에 대한 내용을 기재

4. 소정근로시간 :　　시　　분부터　　시　　분까지

(휴게시간 :　시　분~　시　분)

☞ 사장님과 근로자가 법정근로시간 내(하루 8시간, 주40시간)에서 하루에 몇 시간을 일할지 정한 시간을 기재하고, 휴게시간은 4시간에 30분, 8시간인 경우 1시간 이상을 주도록 한 소정근로시간 내에서 기재함

5. 근무일/휴일 : 매주 　일(또는 매일 단위) 근무, 주휴일 매주 　요일

☞ 일주일 중 어떤 날에 근무할지를 명기하며, 주중 근무하기로 한 날을 만근하였을 경우 부여하는 유급휴일(주휴일)을 어느 요일로 할지 결정하여 명기

☞ 예시) 근무일 : 월요일~금요일, 주휴일 : 일요일 / 또는 근로일 : 수요일~일요일, 주휴일 : 화요일

6. 임금

- 월(일, 시간)급 : ＿＿＿＿＿＿ 원

☞ 임금을 시간급으로 정할지, 주급으로 정할지, 월급으로 정할지 결정하여 그 금액 명기

- 상여금 : 있음 (　) ＿＿＿＿＿＿ 원, 없음 (　)

☞ 상여금이 있으면 그 내용 및 금액에 대해 기재

- 기타급여(제수당 등) : 있음 (　), 없음 (　)

＿＿＿＿＿＿＿원,　＿＿＿＿＿＿＿원

＿＿＿＿＿＿＿원,　＿＿＿＿＿＿＿원

☞ 가족수당, 자격증 수당 등 지급하기로 한 수당이 있으면 그에 대해 기재

- 임금지급일 : 매월(매주 또는 매일) ＿＿＿일(휴일일 경우 전일 지급)

☞ 임금을 매월 언제 지급할 것인지에 대해 기재

- 임금산정기간 : 매월　일부터　일까지

- 지급방법 : 근로자에게 직접 지급( ), 근로자 명의 예금통장에 입금( )
☞ 임금을 계좌로 지급할 것인지 등에 대해 사장님과 근로자가 협의 후 기재

7. 연차유급휴가
- 연차유급휴가는 근로기준법에서 정하는 바에 따라 부여함
☞ ①1년간 총 소정근로일의 80% 이상 출근자에게 15일 부여, 1년 초과 매 2년마다 1일씩 가산, 한도 25일
☞ ②1년 미만 또는 1년간 80% 미만 출근자에게 1개월 개근시 1일 부여

8. 근로계약서 교부
- 근로계약서 1부를 교부 받았음을 확인함   ○○○ (서명날인)
☞ 근로기준법 제17조에 따라 근로계약 체결시 계약서 교부 사실을 입증하는 근거를 마련함

9. 기타
- 이 계약에 정함이 없는 사항은 근로기준법령에 의함

                                                        년   월   일

        (사업주) 사업체명 :   (전화 :   )
        주 소 :
        대 표 자 :   (서명)

        (근로자) 주 소 :
        연 락 처 :
        성 명 :   (서명)

2. 주휴일과 주휴수당

① 주휴일 : 근로기준법 제55조에는 "사용자는 근로자에게 1주일에 평균 1회 이상의 유급휴일을 주어야 한다"고 규정하고 있으며, 동법 시행령 제30조에서는 "법 제55조에 따른 유급휴일은 1주 동안의 소정근로일을 개근한 자에게 주어야 한다"고 규정하고 있다. 즉 일요일이든 다른 요일이든 반드시 1주간 1일 이상 유급휴일을 주어야 한다.

단, 1주간의 소정근로시간이 15시간 미만일 경우에는 유급주휴일 규정이 적용되지 않는다. 예를 들어 1주일에 토요일에만 8시간 근무하는 경우, 또는 토요일과 일요일에 6시간씩 1주간 12시간을 근무한다면 이 규정을 적용하지 않는다.

② 주휴수당 계산 : 주휴일은 평일 1일의 근로시간만큼 주휴를 부여한다. 그러나 1일 근로시간이 법정기준근로시간인 1일 8시간 이상일 경우 주휴는 8시간으로 보며, 8시간보다 적은 경우에는 통상근로자의 근로시간에 비례해 적용된다. 즉 단시간근로자의 1일 소정근로시간은 4주 동안의 소정근로시간을 4주 동안 통상근로자의 총 소정근로 일수로 나눈 값이 된다.

참고 : 근로기준법 제18조 (단시간근로자의 근로조건)
① 단시간근로자의 근로조건은 그 사업장의 같은 종류의 업무에 종사하는 통상근로자의 근로시간을 기준으로 산정한 비율에 따라야 한다.

> ③ 4주 동안을 평균해 1주 동안의 소정근로시간이 15시간 미만인 근로자에 대
> 해는 제55조(유급휴일)와 제60조(연차휴가)를 적용하지 아니한다.
>
> **근로기준법 시행령 별표2-단시간근로자의 근로조건 결정기준 등에 관한 사항**
> 2. 임금의 계산
> 나. 단시간근로자의 1일 소정근로시간 수는 4주 동안의 소정근로시간을 그 기간
> 의 통상근로자의 총 소정근로 일수로 나눈 시간으로 한다.

예를 들어보자. 1일 소정근로시간이 8시간이라면 주휴도 8시간
으로, 1일 소정근로시간이 5시간이라면 주휴도 5시간이다. 반면
하루 5시간씩 주6일 근무하는 아르바이트생이라면 4주 동안 총
120시간을 근로하게 된다. 4주 동안 통상근로자의 소정근로일이
20일이라면 이 아르바이트생의 1일 소정근로시간은 '120시간/20
일=6시간'이 된다. (간단히 약식으로 계산할 수도 있다. 1주간 소정근로시
간/40시간×8시간=(5시간×6일)/40시간×8시간= 6시간)

흔히 아르바이트생과 근로계약을 체결할 경우 시급 얼마, 또는
일당 얼마로만 계약하곤 한다. 그러나 여기에는 주휴수당이 포함
되어 있지 않다. 그러므로 주휴수당을 포함해 근로계약을 체결하
거나, 아니면 추후 별도의 주휴수당을 지급해야 한다는 점을 기억
하자.

[상시근로자 수 산정방법]

근로기준법의 일부 규정은 상시근로자 수에 따라 적용 여부가 달라진다. 기준은 '5인'이다. 특히 연차휴가 미사용수당의 청구, 시간외수당 등의 가산임금 청구로 사업주들이 곤란한 상황에 처하는 경우가 많은데, 상당수가 상시근로자 수를 잘못 알고 있다가 발생하는 문제다.

설마 내 사업장의 근로자 수를 모르겠느냐 반문하는 분도 있겠지만, 의외로 많은 분들이 이런 실수를 한다.

1. '상시'의 의미

일단 뜻부터 알아보자. '상시'라 함은 평상시의 준말로 일정 기간 계속되는 시기를 의미한다. 따라서 일시적으로는 5명 미만이 되더라도 상태적으로 5명 이상이면 이에 해당한다. 동일한 근로자를 계속 고용하지 않고 일용근로자를 고용하더라도, 이러한 근로자를 포함해 상태적으로 5명 이상 고용되는 경우에는 근로기준법의 적용을 받게 된다.

2. 상시근로자 수 산정방법

근로기준법 시행령 제7조의2 제1항에 상시근로자 수 산정기준이 나온다.

"제11조 제3항에 따른 '상시 사용하는 근로자 수'는 해당 사업 또는 사업장에서 법 적용 사유(휴업수당 지급, 근로시간 적용 등 법 또는 이 영의 적용 여부를 판단해야 하는 사유를 말한다. 이하 이 조에서 같다) 발생일 전 1개월(만약 사업이 성립한 날부터 1개월 미만이면 그 사업이 성립한 날 이후의 기간을 말한다. 이하 '산정기간'이라 한다) 동안 사용한 근로자의 연인원을 같은 기간 중의 가동일수로 나누어 산정한다."

말이 복잡하지만 계산식은 간단하다.

상시근로자 수 = 산정기간 동안 사용한 근로자의 연인원(延人員) / 산정기간 중 가동일수

여기서 '연'의 의미가 '1년'이 아니라는 데 유의하자. '연인원' 이란 어떠한 일을 하루에 완수한다고 가정할 경우 필요한 총인원을 뜻한다. 어떤 일을 10명이 5일 동안 완수했다면 연인원은 50인이 되는 셈이다. 이때는 일용직은 물론 통상근로자, 기간제근로자, 아르바이트생 등 고용형태를 불문하고 합산한다. 단, 파견근로자는 제외된다.

예컨대 다음 표를 보자. 5월 5일에 상시근로자 수를 산정하고 싶다면 4월 5일부터 5월 4일까지의 연인원을 가동일수로 나누면 된다. 즉 이 경우 상시근로자 수는 4.54명(109명/24일)이 된다.

날짜	4월 5일	6일	7일	8일	9일	10일	11일	12일	
인원수	4	4	5	4	6	5	4	4	연인원 : 109명
날짜	15일	16일	17일	18일	19일	20일	21일	22일	
인원수	5	4	4	4	4	7	6	3	가동일수 : 24일
날짜	25일	26일	27일	28일	29일	30일	5월1일	2일	
인원수	3	4	5	5	4	4	4	6	

다만 상시근로자 수가 5명 이상이더라도 산정기간 중 5인 미만 이 근로한 일수가 절반이 넘는 경우는 4인 이하로 본다. 반대로 상 시근로자 수가 4인 이하이더라도 5인 이상이 근로한 일수가 2분의 1 이상이면 5인 이상 사업장으로 보게 된다.

3. 상시근로자 수에 따른 적용 범위

그렇다면 4인 이하 사업장에는 어떤 사항이 적용되지 않을까? 주요 내용은 다음과 같다.

① 주 40시간제 의무사항이 아님
② 연차휴가, 생리휴가 적용 안 됨
③ 가산임금(시간외근로 등에 대해 통상임금의 50%를 가산해 지급하는 규정) 적용 안 됨
④ 근로기준법 제23조(부당해고) 적용 안 됨

⑤ 기간제및단시간근로자보호등에관한법률 제4조(기간제 2년 제한 규정) 적용 안 됨

반대로 상시근로자 수 5인 이상일 경우 연차휴가 및 가산임금에 관한 사항을 잘 알아두어야 한다.

① 연차유급휴가 : 계속근로기간이 1년 미만이면 1개월 개근 시 1일을, 1년 이상이면 1년간 80% 이상 출근한 경우 다음 해에 15일의 연차유급휴가를 부여하도록 돼 있다. 근속기간이 오래되면 최초 1년을 제외하고 2년마다 1일씩 더해 최대 25일까지 휴가를 부여하도록 하고 있다. 그 해에 연차휴가를 다 사용하지 못하고 남은 경우에는 잔여일수에 대한 수당을 지급해야 한다.
② 가산임금 : 5인 이상 사업장은 연장근로, 야간근로(밤 10시부터 아침 6시 사이의 근로), 휴일근로에 대해 통상임금의 100분의 50 이상을 가산해 지급해야 한다. 특히 개정법령은 휴일근로의 경우 8시간까지는 100분의 50을, 8시간을 초과한 휴일근로는 100분의 100을 가산해 추가 지급하도록 규정하고 있으므로 임금 지급 시 참고하자.

반드시 알아야 할 세무관리

김수철 세무사(세무법인 택스케어)

2008년 개업한 식당 중 5년 후에도 남아 있는 식당은 전체 식당의 17.7%라는 통계자료가 2016년에 발표되었다. 발표 이후 2년이 지났으나 상황은 나아지는 것 같지 않다. 세무법인 택스케어에서도 2018년처럼 폐업부가세 신고가 많았던 적이 없었다. 그나마 유지하고 있는 식당의 매출도 높지 않다. 전국 74만 개 외식업 중 연매출 5000만 원 미만이 38만 개, 1억 원 미만이 50만 개다. 월평균 매출액 840만 원, 즉 하루 평균 매출이 35만 원도 안 되는 식당이 67.5%에 달한다는 의미다. 외식업 대부분이 소규모 자영업 수준임이 단적으로 드러나는 자료다.

소규모 외식업은 매출이 높지 않으므로 임차료나 인건비 증가와 같은 외부 충격에 더 취약할 수밖에 없다. 최근에는 급격한 최저임금 상승으로 사업상 어려움이 더욱 심각해졌다. 대출을 끼고 창업하는 경우가 적지 않은데, 인건비 상승으로 이자 비용을 부담할 수 있는 영업이익이 급격히 줄었기 때문이다.

이럴수록 사장님들의 사고 전환이 더욱 필요하다. 흔히 말하는 '인건비 따먹기'로는 더 이상 이익을 남기기 어렵다는 것을 현실로 받아들여야 한다. 이제 경영학적 관리기법을 적극적으로 수용해 사업가적 마인드를 발휘해야 한다.

그 첫 단추는 바로 매출 및 비용 관리다. 현재 가게 상황을 정확히 기록하고 분석해 다음 계획을 만들어낼 수 있어야 한다. 영세한 규모에서는 장부가 곧 부가세와 소득세 신고로 이어지므로, 세무관리를 통해 가게의 정보를 한눈에 살피는 습관이 필요하다. 이런 맥락에서 부가세, 소득세 그리고 최근 이슈가 되고 있는 인건비 신고에 대해 간략히 살펴보자.

1. 부가세

우리나라 대부분 식당의 음식 가격에는 부가세 10%가 포함되어 있다. 2013년 식품위생법이 개정되면서 메뉴판에 별도로 부가세를 표시하는 것을 금지했기 때문이다. 즉 식당은 손님에게 별도의 부가세 10%를 받지 않았어도 매출 일부를 반드시 부가세로 납부해야 한다. 따라서 식당 사장은 부가세가 포함된 매출을 전체 매출액으로 착각해서는 안 된다.

매출세액	음식 가격의 10%
(−) 매입세액	적격증빙을 받은 금액 중 10% 공제
(−) 의제매입세액	농수산물을 구입하고 계산서를 받은 금액 중 일정률 공제
(−) 신용카드발행세액공제	신용카드로 결제받거나 현금영수증을 발행한 경우 일정률 공제
(−) 예정고지세액	4월 25일과 10월 25일에 국세청에서 고지되어 이미 납부한 금액
= 납부할 세액	매출세액에서 각종 공제액을 뺀 금액만큼 납부

〈부가세를 계산하는 방법〉

부가세는 우리나라에서 식당업을 하는 한 피할 수 없기 때문에 다음의 몇 가지 절세 팁을 활용해 억울하게 세금을 더 내거나 환급받지 못하는 상황을 피하는 것이 중요하다.

① 반드시 법적 증빙, 즉 세금계산서, 계산서, 신용카드 전표, 사업자지출증빙을 챙기자. 입금표나 거래명세표로는 부가세를 환급받을 수 없다.

② 신용카드를 사업용 카드로 국세청 홈택스에 등록해놓자. 카드 전표를 분실하더라도 빠뜨릴 위험이 없어 유리하다.

③ 가스요금, 전기요금, 통신요금 등은 식당 사업자등록증 사본을 보내 전자세금계산서를 발행받자. 개인 명의로 청구된 요금은 부가세 환급이 되지 않는다.

④ 직원 인건비를 신고하자. 직원들이 다른 식당에서 식사한 식대를 복리후생비로 회계 처리하여 환급받을 수 있다.

2. 소득세

종합소득세란 말 그대로 1월 1일부터 12월 31일까지의 소득을 합쳐서 계산한다는 뜻이다. 그러나 모든 소득에 대해 다 세금을 내는 것은 아니다. 소득세법에서는 소득을 사업소득, 이자소득, 배당소득, 근로소득, 연금소득, 기타소득 등 총 6가지로 구분한다. 이들 소득을 합쳐서 계산한 것을 종합소득이라 하고, 소득이 높을수록 높은 세율로 납부하는 누진세율을 적용하고 있다.

과세표준	세율	누진공제액
1200만 원 이하	6%	
1200만 원 초과 4600만 원 이하	15%	108만 원
4600만 원 초과 8800만 원 이하	24%	522만 원
8800만 원 초과 1억 5000만 원 이하	35%	1490만 원
1억 5000만 원 초과 3억 원 이하	38%	1940만 원
3억 원 초과 5억 원 이하	40%	2540만 원
5억 원 초과	42%	3540만 원

〈소득구간별 종합소득세율〉

소득세를 절세할 수 있는 비법이 있을까? 신용카드 사용이 늘고 현금영수증 발행도 많아지면서 예전처럼 현금 매출을 줄여서 신고하는 것이 어려워졌을 뿐 아니라 자칫 세무조사 대상이 되기 쉽다. 이럴 경우 가산세까지 부과돼 두 배 가까이 세금을 더 내게 될수도 있다.

매출을 줄여서 신고할 수 없다면, 비용을 잘 관리해야 한다. 식당의 소득은 사업소득에 해당한다. 그런데 사업에 들어간 비용을 제대로 못 챙기는 경우가 많다. 비중이 큰 인건비와 재료비에 해당하는 비용만 잘 챙겨도 절세에 큰 도움이 된다. 또한 소득세는 어떻게 신고하느냐에 따라 세금이 달라지기도 하므로 아래 몇 가지 절세 팁을 활용하여 억울하게 세금을 더 내지 않도록 하자.

① 공동 사업의 경우, 단독일 때보다 대개 더 낮은 세율을 적용받을 수 있다.

② 세금계산서, 계산서, 신용카드, 현금영수증 등 적격 증빙은 물론 간이영수증, 청첩장, 부고장 등도 소득세 신고 때 비용으로 인정되므로 평소에 비용 증빙을 챙기는 습관이 중요하다.

③ '노란우산공제'에 가입하면 납부 금액에 대해 연 200만~500만 원까지 소득공제가 가능하다. 세율에 따라 6~42%까지 절세 효과를 보는 셈이다.

④ 식당을 양수도할 때 권리금을 지급하는 경우, 시설에 대해서

는 세금계산서를 받아 우리 쪽 시설로 잡고 비용을 인정받으면 되지만, 나머지 금액은 판매한 사람이 영업권으로 기타소득 신고를 해주어야 우리 쪽 비용이 된다.

3. 인건비

인건비는 소득세 신고에서 가장 중요한 비용 항목이므로 특히 주의를 기울여야 한다. 그러나 많은 식당이 여러 가지 이유로 인건비 신고를 못하고 있다. 가장 큰 이유는 신고에 필요한 증빙을 제대로 갖추지 못해서다. 근로계약서가 없거나, 하루하루 직원들에게 현금으로 지급해 계좌이체 내역이 없는 경우도 많다. 실제로 지급했다고 해도 이를 증명할 방법이 없는 것이다.

절세를 위한 인건비 관리 팁을 몇 가지 들어보면 다음과 같다.

① 근로계약서를 반드시 작성하고 은행 계좌를 통해 지급하자.
② 원천세를 신고 납부하자. 매월 해도 되고, 직원 수가 적으면 반기에 한 번씩 해도 된다.
③ 4대 보험 신고도 같이 하자. 어차피 국세청과 신고자료를 공유하기 때문에 4대 보험을 피할 수는 없다.